骨子裏的話

法醫人類學家上的骨頭課

李衍蒨 著

目錄

與骨為伍的日子 ／法醫人類學家的日常

／骨頭的力量

／骨頭趣談

從骨頭看見

推薦序（一）

社交平台流行，資訊泛濫的現今，很多文字都沒養分，欠缺主題，不盡不實，更談不上有甚麼內容……有幸讀到 Winsome 的專欄〈視線所及〉，精神為之一振，耳目一新！

自從看過第一篇專欄文章，我就追讀 Winsome 以前的作品，也很希望這些文章能夠保留儲存，結集成書。

Winsome 文筆流暢，深入淺出地闡述不同內容。她用誠懇的語氣，輕鬆道來，自然流露她對事件的感受，推而廣之去引導讀者思考和反省。

Winsome 無論談及任何大小課題，都會很自然地用人類學的思維去切入，以獨家的多元文化視野，跨文化的理解能

力，去推廣現代人最缺乏的包容力、關懷心、獨立思考和批判！這是她高明和吸引讀者之處。

站得高，才看得遠；視線所及之處，才能去得更遠，更廣，更闊！要有這種視角，才能更清楚認識自己，看清種種社會現象，審視這世界的過去未來。

〈視線所及〉結集成單行本，真的太好了！一本好書在手，不但開闊眼界，增加知識，更能跨越時空，作者讀者一起共鳴。衷心多謝 Winsome 的努力付出。

祝一紙風行！

Ada

讀者

推薦序（二）

寫序的時候，窗外下著雨。

設想有一堆骸骨，現正沉睡在地球某一角落的穢土之下，一切由上帝為全部生命所設計的腐朽程式在高速運作中，地、水、風、火各元素分崩離析，靈魂已轉生。今世各種各樣的因緣已了。

但真的是這樣嗎？

中陰或許已在他界遨遊；殘餘色身的卻仍然是在世上的種種關鍵。可能骨主沉冤未雪，兇手還在逍遙法外，會加害另一個苦主；可能家人還在尋找骨主的下落，還活在深深的悔疚或猜疑之中；可能骨主的骨頭是重要的歷史的見證，

解開某個事件謎團的鑰匙。

一切都是為了有情眾生。凡被歸類為「死亡」範疇的事，其實才是最接近生命的本質。法醫人類學就是最洞悉生命意義的志業之一。

李衍蒨的文章是透視鏡。憑著她年輕而充滿好奇的目光，帶大家微觀所有關於骨頭的大題小趣。我常戲說她像一個嬰兒一樣：每天吸收全新的資訊，總是有新鮮有趣的角度去看我們習以為常的世情。今天她的新書面世，我急不及待要借助她的眼睛，再次去探索令人永不厭倦的生命之謎。

陳心遙
創作人

骸骨　辯證法

在古哲學史中，經常會讀到先賢們聚在廣場，一邊喝酒一邊論天論地論道理。這種辯理論的方式，後來被稱為「辯證法」（dialectic），是中西方哲學都常使用的一套求真求知識求結論的方式。

辯證法的重點是就著一個中心主題或主張，從多角度去探討相關的面向，從而令討論結果更接近事物的事實（fact）及真相（truth）。辯證法的多角度包括支持及反證的論據，從而令到結論在經歷反證後愈辯愈明。辯證法的重點人物是來自歐陸哲學、十九世紀的黑格爾（Hegel），他的主張源自於柏拉圖，不過黑格爾將這個方式抽離了哲學層面，套用到不同生活範疇。他相信一個主題經歷過支持及反對、是與否兩者之間遊走的矛盾，才會讓我們整合甚

至從中合成出最真實的面貌。而這個合成的過程是非常個人的，我會形容為猶如一趟成長的旅程。

在只有我與骸骨的空間裏面，我與骸骨也會展開深入的對話。我會去探討他或她身上每一個印記、每一道痕跡的由來及經歷，這個漫長的深度談，就如亡者把自己的一生重播一次給我看。每次這樣的相遇及「邂逅」都是以悲劇開首 —— 這是必然的啊，因為他們離世了才會讓我們相遇吧。

可是，過程中也是一個只有我們、沒有手機（喂？）的世界，於是情感顯得如此真摯。這種出生入死的感覺很實在，就像認識了一位生死之交一樣。如果有看過我的作品、訪問，甚至認識我本人的讀者們，都知道我是與骸骨打交道的人，更會知道我其實有一段很長時間（甚至到現在）依然覺得我的工作是一場透過骨頭及屍體進行的自我修行。在清潔骨頭及清理屍體時，我的內心往往異常平靜及專注。我覺得在那個空間、那個時刻，整個世界只有我跟骸骨或屍體，那種平靜……有點像在禪修的修士或練習瑜伽時「心無雜念」的感覺。而大概就是因為可以這樣「修煉」，每次處理案件或協助為災難善後之後，我都從中得到很多、很實在的啟發。

這些突然靈感大爆發的點點滴滴，後來化成了每周三在

《信報》〈視線所及〉的文字，而這些作品亦因為一場對話而結集成書。當中的文章篇幅及用字因為出版要求等，可能與原文不盡相同，敬希見諒。希望讀者可以從這本作品，從透過骨頭及屍體所啟發我的文字當中，看到現實的殘酷、人類文明的有趣、歷史的啟示，以及最重要的——光與希望。

即使世界黑暗，文字的力量都不可忽視。

願，這些骨頭的說話能成為裂縫中滲透出來的光束，為你、這個社會及世界添上溫度。

李衍蒨

與骨為伍的日子

法醫人類學家的日常

我是 「骯髒」科學家

我算是一個非常「骯髒」的科學家（"dirty scientist"）。

「骯髒」能夠語帶雙關地對帶出自己的專業，一方面指工作的地方往往不限於乾淨、整齊的研究所，反而最常出現在災難現場、兇案現場等混亂不堪的地方，甚至是曾經於歷史上發生不同類型暴力、鎮壓、戰爭的地區及國家。親自到現場，把手弄髒去搜集證據及挖掘骸骨，讓他們不致掉進歷史的空隙裏，是這個專業讓我最引以自豪的部分。

「骯髒」的另一意思是，我經常接觸的屍體種類或是屍體的狀況都比較「噁心」，但即使如此，我都不曾卻步，希望利用自己的科學知識協助尋回死者的生前經歷。

人是感情動物。法醫人類學家經常接觸死亡，可說是被訓練出來接觸死神，但難免仍會有對死亡覺得不舒服的時候，特別在災難性及反人道的事件中。一方面，我們會盡最大的努力去把墓穴裏亡人的證供和盤托出；另一方面，我們亦對家屬需要經歷這一切覺得很抱歉 —— 法醫人類學家都需要有雙向視線（double-vision）的，必須視死者為違反人道罪或行為的證物，也要感受眼前死者曾作為某人至親的存在。這種理性與感情並存的雙向視線，是法醫人類學家的必需品。我們不可只理性地分析一切，同時亦不能感情用事。

法醫人類學家不能令亡者回生，卻可令他們的聲音就算到了六呎以下都能被聽見。法醫人類學的工作必須透明度極高，讓家屬清楚了解他們至親死前的一刻，並讓他們準備面對已經沒有辦法倒帶重來的人生。法醫科工作不是抓兇手，最重要的是把過去及將來連結起來 —— 過去是到底眼前的他經歷了甚麼，將來是家屬重新振作的力量。不論歷史背景、政治、宗教，一個人的死，總會為世界帶來一點有關人性的啟示。

死因　研究所

不少朋友及讀者推薦我看日劇 *UNNATURAL*（《不自然死因研究所》），說劇集非常好看，特別是資料搜集做得非常充足。我一直對日劇非常有信心，但沒想到除此以外，劇集每一集所描寫的情感以至人性都很全面到位。

劇中的不自然死因研究所（Unnatural Death Investigation Laboratory，簡稱 UDI），專為死亡事故提供死因調查及解剖服務。在日本，由於資源不足、屍體運送不便利等原因令解剖比例偏低。研究所為想尋找死因的家屬提供協助，同時亦為警方及政府機構處理部分案件。

劇中不停提到法醫其實也是醫生，但因為薪酬較低，以及工作接觸的是屍體而不被尊重。其中一集講到研究所實習

生久部六郎的父親，是一名權威醫學教授，有一宗火災案件需要他協助提供支援。在離開研究所前，教授與六郎對質，質問兒子在讀醫途中休學去當法醫的跑腿，到底有沒有羞恥之心，全面流露出對法醫的厭惡。他亦爭論日本的解剖率一直無法提升，是因為沒有人願意為死人掏錢，就算肯調查，死者也不會復活，言下之意覺得調查死因及尋找死者是浪費時間的事情，倒不如救活在世的人比較有意思。真的是這樣嗎？

法醫科是為未來做準備的科學，透過找出人們為何因某些疾病而死，或是因身體經歷了甚麼事情而衍生出一些需要特別留意的現象，這些發現都可以讓我們更了解人類，為以後做準備。即使工作環境及條件不理想，法醫依然希望透過自己的專業，代替已經不能再發聲的人宣告真相。就如劇中年輕能幹的女法醫三澄醫生所說：「法醫學是法治之國不可缺少的學問，要是法醫學遭到輕視，國家就會變成不法之國，你想住在這種國家嗎？」

我覺得法醫學的工作就像修行。每當處理新案件，特別是當死者的個人經歷與自己接近，或是自己有所認知的，都會讓我忍不住質問自己「是不是已經盡力了？」「如果他是我的誰，我會後悔這一切嗎？」這其實也是一個有關人生的思考。法醫學這個專業除了執著於找出真相，還要協助讓家屬及生還的人釋懷，讓有些失去不至於白白浪費，

生存下來的也不用歉疚。

每當遺體放在我們前面，就代表生命已被帶走這個事實已不可逆轉，然而有些事，我們還是可以為死者及生者去做。

黑色　止血鉗

有意無意間在台灣看了一套名為《黑色止血鉗》的日本醫療劇。它與一般傳統醫療劇不一樣，背後探討了很多不同醫護人員的心態，特別是在科技發展一日千里的現代社會。

有數集講述劇中人物高階醫生，非常推薦使用高科技醫療產品為病人做手術，但卻被手術案例的數字蒙蔽了雙眼，只著重寫論文，希望博取晉升機會；另一個控制微創手術器材「達爾文」的權威醫生，他同樣自視過高，沒有真實理解及考慮病人自身的情況及條件，令病人差點在手術檯上因為醫療失誤去世。這種情節不得不令人反思，到底現代科技應用及醫學存在一個怎樣的關係？

另一邊廂，Netflix 推出一套名為 *The Bleeding Edge* 的紀錄片，探討醫療用植入物這個當代產業。這個產業可說是醫療科技造福人類的一個大躍進，可是人類享受這種科研成果時，我們其實很少去想到底這些科技安全與否。

法醫人類學家經常透過醫療植入物協助尋找骨骸身分，其中常見的是髖關節的置換，*The Bleeding Edge* 講述的脊醫 Dr. Tower 亦不例外。他為自己的髖關節作替換後，關節靈活度當然提升，可是沒多久就出現異常的精神及神經症狀。Dr. Tower 後來發現自己血液中的鈷（Cobalt）含量比常人高，便猜想和植入物有關，於是提出更換植入物。當時的最新技術是以金屬作為關節的凹凸接駁，在此之前幾十年，使用的都是金屬凸膠凹的設計。他最後決定今次採用舊技術，而為他動刀的醫生亦證實了 Dr. Tower 的猜想——那個金屬關節不知怎的竟開始轉化成液體。手術後一個月，Dr. Tower 意識恢復，精神情況迅速改善。因為自己經歷過，令他學會每當有病人進行置換手術後出現柏金遜及失智症病徵時，就會主動檢查他們血液中的鈷濃度。

科技發展不能解決所有事情，而醫生的價值也不在於他有否使用高科技或最先進的醫療設備，而是他在醫治病患時是否以病人的福祉及健康為動機。醫者之心加上技術，才是衡量醫者價值之道。

垃圾桶裏　的骨塊

如果你曾經在不同地方讀過我的文章，甚至看過我不同的訪問，都會發現我常常提到一個詞語——「尊重」。對於我們這些與骨頭為伍的工作者，尋找死者身分背後的目的就是出於對逝者的最基本尊重，認為不論在世的人還是已經離世的人，都必須以人道方式對待。不過，在我工作的地方也曾遇過令人憤怒及失望的不尊重。

有一次的挖掘項目，所有人分成三小隊，其中一隊共六個人負責挖掘亂葬崗，其他兩隊則各有三人。事情發生在負責亂葬崗的小隊身上，那天工作過後，這個小隊的隊員拉我到一旁，說他們發現有些碎骨被丟到墳場的垃圾桶裏面。我聽後大為震驚，當然想弄清楚發生甚麼事。那些碎骨都是從泥土裏面撿出來，先一堆放在一起，到最後才放

到袋子裏面往垃圾桶丢。一問之下，該小隊的負責顧問拋下一句：「這些骨頭都不能辨認，可以直接丢掉。」

在世界上大部分國家，隨意亂丢人體骨骸都是違法的，雖然這個項目的指引手冊說明只要骨碎細於五毫米就可以不保留，但也不代表可以這樣隨意拋棄。聽到這個「解釋」後，我也沒有心思研究發生過甚麼事，眼前重點是把骨碎從垃圾桶拯救回來。我問了一些基本資料，例如甚麼時候發生、有沒有看到墳場職員清理垃圾桶等，然後便著手幫他們預備袋子，寫好有關資料及日期，帶同基本工具如笪箕及手套等，立刻出發找骨碎。

果然，垃圾桶表層就已經明顯看到骨碎的蹤影。我取出相機拍下現場情況後，才請同事把能找到的骨碎都撿起來。撿完比較大塊的骨碎後，我們甚至在一個仍有咖啡的咖啡杯內也撿到小骨碎，由於咖啡帶酸性，因此不能把骨頭直接沖水，而需特別處理。將骨頭全都撿起來洗乾淨後，我們便把骨頭帶回研究室。一路上，我們都想嘗試了解及分析為甚麼事情會發生，特別是來自一個曾經受過專業訓練的人——到底為何她要把骨頭丢到垃圾桶裏？

在現代社會，要得到人體骨骸不是一件困難的事，令不少人對於處理及管理骨頭都變得不敏感，但就算如此，也不代表可以隨便丢棄骨塊。無論骨骸來自哪個地方、完整還

是碎塊，都必須要被尊重，畢竟骨頭主人曾經是一個活生生的人。

不只是　數字

二零二零年，一宗香港的死亡事件調查終於搬上法庭，希望借助法庭及陪審團的力量，集合及串連所有有關的證據和證人，嘗試為案件提供一個合理解釋。可是，死者最後被裁定「死因存疑」。

這個裁決毫無疑問否定了「無可疑」的說法，而被裁定「死因存疑」亦代表這宗案件依然還沒有完全結案（即俗稱的「closed file」）。理論上，只要有新的證據及證人，都可以隨時隨地重新展開調查。

雖然「死因存疑」代表這次調查沒有一個肯定的結論，但調查卻絕非沒有意義。透過調查，我們透過不同證人的口供更認識事主，了解到事主生前的生活習慣、個性，甚至

是最後時光的經歷；我們對事主曾經經歷過的事情、長大的感受及心情，都認識了多一點點，讓這個「十五歲的死者」變得更立體——她是一個從二零零四年出生到二零一九年之間，擁有過十五年時光的女生。

結案陳詞當天，裁判官高偉雄在陪審團閉門退庭商議前說的其中一句話，讓我特別深刻。他說：「涉案死者彥霖只有十五歲，在全身赤裸的情況下離世，是一件令人難過的事情……一個十五歲的年輕女孩，我以後會稱她為『彥霖』。」

這句話即使沒有太多人關注，也沒有太多媒體強調，但我卻深深被打動。每一個人來到世界上都是獨一無二的，無論他或她消失了、死了還是仍然活著，其身分都代表著人類的一部分。或許，因為我們專業的原因，需要以數字或「死者」去稱呼亡者，卻不代表我們只以數字或「屍體」的角度去看待他們。

裁判官這句話，正說明了「死者」不只是一個代名詞、一個數字、一具屍體，而是確確實實的一個人。

與骨為伍的日子

對　人道　的堅持

「為甚麼要那麼辛苦，為那些被埋在泥土下的骨頭工作呢？他們都已經死去了，無論找到身分與否都不重要吧？與其關心他們，倒不如把資源、金錢花在在世的人身上或醫療上，比較合理及划算吧！」聽到這些說話的機率其實頗高，但每次聽到心裏都很不好受。

令我難過的，除了因為大家不明白法醫科其實是為了未來而準備的科學，最重要是法醫人類學透過應用各種科學知識及人類學理論為骨頭尋回其身分，背後履行的是人道主義的承諾。

人道主義的重點是無論眼前的對象是甚麼身分或政治立場，是加害者還是被害者，是當權者還是平民，只要他的

生命安全受到威脅，又或受傷需要協助，我們都會施救，以彰顯對生命的尊重。因此在法醫人類學來說，無論逝者是誰或是被誰滅聲，我們都會盡本分，為他或她尋回身分，同時透過我們的工作為那些被欺壓、壓榨的人發聲，尤其是被殺害、被虐待或被隨便拋到亂葬崗和無人塚的人。他們死前被視作物件般看待，不被尊重，尊嚴被奪，法醫人類學家此時此刻就要擔當一個重要的角色，不只找出兇手，更要利用墓裏被滅聲的「證人」來找出事實的真相，揭示出背後的人性醜陋與黑暗，還死者尊嚴。

為骨骸找回身分、給家屬答案是人權，也是公義。公義不只是一個官方蓋印、一張死亡證，也可以是社群的認可與認知——家屬有權知道失蹤摯愛的命運及下落。人道組織的介入、干涉及調查，以及為受害者進行身分鑑定，就是為家屬療傷的重要里程碑。法醫人類學家參與整個過程，好讓家屬清楚了解他們的至親的人生最後一刻，讓他們準備好下一頁，面對失去以後的人生。

的確，法醫人類學家的工作未必可以像其他專業一樣，帶來政策上或即時性的改變。但，因為我們深信人的價值並不止於任何政策類型上的定義，所以我們依然謹守著這個另類的崗位。

塵 土

重看美劇《欲骨查》（*Bones*）第六季，對我來說這季特別好看，因為不只帶出科學精神及法醫人類學的知識，更重要是強調了人性層面，不論是犯案者、科學家或查案者。當中最觸動我的，是要查出知名心臟科醫生死因的一集。

這集說到頂尖法醫人類學家 Dr. Temperance Brennan 的研究所同事及 FBI 拍檔接報，於一個中下階級的住宅區找到一副被樹根纏繞的骸骨，需要找出其身分及事情始末。Brennan 後來發現骸骨的主人竟是一位頂尖的心臟科醫生，並發現自己與這名醫生過著非常相似的生活，令她開始意識到並擔心自己會否像這名醫生一樣，在死後沒有人發現，孤獨地離開這個世界。

劇集精彩之處，不僅是對法醫人類學的應用或劇情起伏，而是有血有肉地描述了我們對死亡的恐懼。劇中引述英國詩人艾略特（T.S. Eliot）著作《荒原》（*The Waste Land*）中的〈葬儀〉篇，其中一句寫道：「I will show you fear in a handful of dust.」（「我要為你展示一把塵土中的恐懼」）。艾略特從《聖經》章節中得到「塵歸塵，土歸土」的啟發，從而引導讀者思考自身的死亡：若到了最後，當我們看到手中的一把塵土時，即使現今的鑑定技術有多先進，卻依然沒有辦法能夠分辨出那是屬於誰的塵土，我們會怎樣？這讓我們對死亡感到加倍的恐懼與不安。

詩人丁尼生（Alfred Tennyson）的《亞瑟王之牧歌》中寫到：「我會不斷尋求、探索，無論晝夜，及（面臨）死亡及地獄。」（"But I follow up the quest, despite of Day and Night, and Death and Hell."）我們害怕的其實不是死亡本身，而是沒有人再記起我們，忘記我們已經消失或不存在；我們懼怕的是沒有人記得我們曾經存在於世上，甚至沒有留下任何痕跡就離開這個世界。

可能就是因為認知到這份恐懼，這份無助感，令我每為一副骸骨去尋找身分時，總有份莫名其妙的執著。這份執著的背後隱藏著不同的價值觀念，其中一個就是對每一條生命的尊重與珍惜。

光　環

在宗教繪圖等藝術作品裏面，常常都會看到光環，特別是聖人畫像的頭頂。頂著光環的他們象徵著美好品格等德行，就好像所有的不好都被光環的光隱退到背後，只看到好的或某些傾向性印象。

法醫人類學家的工作是為那些被滅聲、被沉默的人發聲，找回他們的身分，這是專業賦予我們的使命及任務。我們服務的對象也不限於死者，更要為家屬提供一個答案、一份安慰。

或許，這份使命會讓我們有頂著光環的感覺，可是事實永遠是殘酷的。我們總能很清楚體會到遇害者和家屬到底在面對著甚麼，這一切又是怎樣的折磨，而因為要不停遊走

於冷靜與熱情之間，徘徊在理智與感情的邊緣，我們經常背負著高壓、無力、無奈、難過等情感。有時太過集中於專業的使命，會覺得有種正在替天行道的感覺，就會忽略了我們堅守著的人性及放在心中的真切感受及心情，內心總有種說不出的惆悵。

所以，光環？不了，就掉去吧！反正這個光環從來都不應該出現，畢竟我們只是以尊重人性、尊重死者、尊重所有遇害的人的角度出發，以我們對生命的熱情作為不滅的燃料，為家屬清除未知、困惑及惶恐，把過去及將來連結起來，讓他們可以一步步慢慢用腳跨過傷痛。而這些是基於人類應有的良知，不是法醫人類學家才有。

骨秘

記得有次訪談中，被問到為甚麼骨頭特別吸引著我。

的確，骨頭看上去都是冷冰冰的，好像沒有甚麼特別，不過，一切都藏在細節當中。

在日常生活中，我們的確甚少特意去聯想起骨頭的存在。它們只是我們身體裏面很安靜、不太有存在感的一員。由於我們不能看得見它們，一般只有在受傷或不能活動自如時，才會想起骨頭的存在及其健康。

但即使我們不多想起它或聊起它，它們卻對我們生活的一切——不管是飲食、生活地域、水源、生活模式、生活經歷等——觀察入微，並以不同形式把我們的日常記錄起

來。骨頭們縱使很安靜，卻比我們更清楚自己的經歷。我有時候覺得，骨頭就如我們每一個人的生平、傳記，不論生活有多艱辛還是有多豐盛，都會在骨頭上留下相應的痕跡。可能就是因為骨頭們默默耕耘、不造作、不特別「邀功」的個性，吸引著我花精神及時間去研究它們吧！

法醫人類學領域，有一句經常掛在口邊的話語：「人會說謊，但骨頭不會（People lie, but bones don't）。」或許你會覺得很誇張，但骨頭若經歷任何創傷，一般都會留下線索，讓我們有辦法研究傷痕到底是甚麼時候、在甚麼情況下、以甚麼物件造成，這些都能令我們與屍骸對話時，獲得有用的資訊。

加害者可能以為可以藉著死亡來隱瞞事實及加害手段，令受害人滅聲，卻不知道受害人只是換了另一個方式、另一種語言來訴說他們的經歷。透過解讀骨頭上的故事，有時候追尋真相真的可以跨越時空及生死界限。

骨頭的力量

骨頭的初衷

二零一九年的夏天教每個香港人難忘。在幾乎沒有喘息過的節奏下，學子們又開學了。不論喜不喜歡這堂通識、哲學、歷史、政治、化學、體育、生物、物理、法律課，這個暑假的得著相信是每個學子的學習生涯之最。

一直以來，在不同場合我總會遇到同樣問題，如「我對於法醫人類學其實很感興趣，而因為妳的書／分享／訪問，讓我重燃對這個方面的熱情。請問你有沒有向這方面發展的建議？」

我很感激大家問我這些問題，但坦白說，好幾次我都很想回答：「不要！不要進入這個專業！」背後原因很簡單，因為這條路很辛苦，有時候甚至會覺得辛苦到透不過氣，

覺得快要窒息。因此，我每次回答時，都離不開這個意思：「不要只走法醫人類學的路，要多選一條路。法醫人類學的領域很窄，如果這是其中一個鑽研範疇沒有問題，但千萬不要光靠這個來走你的學習生涯。」

這也是我人生第一位法醫人類學教授 Felicia 植根在我腦裏的話。當我接觸到愈來愈多不同地方的案例後，我就更能體會到這番說話背後的意思 —— 法醫人類學的「行頭」實在很窄，如果沒有其他專業知識的話會很辛苦，而且法醫人類學牽涉的知識很多很廣，你必需要對各樣專業都有基本了解。

法醫人類學的確是一個很「有型」的專業，意義也很大。我們一生經歷過的大大小小事件，都會間接或直接地在骨頭上留下印記，但骨頭涉及的卻不只是科學，更重要是不要遺忘骨頭背後的人性故事。正因如此，對於大屠殺、大型災難的挖掘及人道工作，我每次都很投入，雖然同時都很難受，但我知道在這些悲劇面前，我更不能放棄，更不能懦弱。

想要投入這門專業，也要有心理準備，因為相關的支援、理解及資源不足，有時候難免會受到白眼甚至不尊重的對待，有時那種走兩步退一步的感覺就如被鐵鍊拉住，像是不停跟我說：「你不如放棄，不要再糾纏下去，浪費時間。」

但我知道我無路可退，更重要是我知道對於某些事情的執著是不會改變的。請不要低估我的韌性，我是不會放棄，無論說話有多難聽。世界很大，總會有一扇窗、一道門是我能打開的。

記得自己的初衷是甚麼，記得自己對人性的感受，記得不公義、被滅聲的必須要被聽見。

只要有這些堅持，即使被折翼困在籠內，依然能飛。

至於為何曾經想向問問題的學生們說「不」，但最後沒有，反而鼓勵他們去試，背後就是希望他們能把這份對作為人的堅持，以及對真相和人道的信任傳下去。

推動 力

經常被問到有沒有一些案例或工作情況讓我很難受，甚至接近崩潰邊緣。我敢說，幾乎每一位法醫科學者都曾有這麼一個深刻的感受。

一直以來，法醫人類學家都是以為逝者發聲為己任。來自蘇格蘭的著名當代法醫人類學家 Dame Sue Black，就曾因一件虐兒案件，令她一直抱憾。

案件中，受害女童因為受到父親虐待而上庭作供，警方在調查時聯絡了 Dame Sue Black，希望她可以利用人體解剖學，分析到底影片證供裏面的加害人是否被告。她按照要求分析影片，並特別專注於影片裏施虐者前臂的靜脈紋路，而該紋路與被告的確吻合。可惜的是，陪審團最後判

施虐的父親無罪，受害女童被安排回到家中。Dame Sue Black 後來問及代表律師，是否因為陪審團覺得她的靜脈對比不可信，律師說不是，反而是陪審團覺得受虐人哭得不夠可憐，因而覺得她不可信。Dame Sue Black 覺得對受害人於心有愧，知道她被送回家後，常常離家出走繼而流落街頭和染上濫藥惡習。

自此案後，Dame Sue Black 創造了一個可以從照片及影片中以靜脈紋路、皮膚皺摺及標記去判別虐兒者手部及前臂的系統。按照統計，英國已經成功利用這個系統，將二十八宗虐兒個案的施害者繩之於法，而在有使用過這個技術的案件中，超過百分之八十的犯案者最後都會主動自首。

我們要謹記，調查過程不能感情用事，必須用理智邏輯主導。諷刺地，有時候個人情感——可以是快樂、悲傷、憤怒——卻會化成動力來源，變成尋找真相甚至是推動科學研究的原動力。

骸骨 顯靈 ？

「接觸過這麼多骨頭及屍體後，有沒有遇過靈異事件？」
「有沒有出現過類似報夢尋兇的情況？」很多人都會問我
這些問題，如果是指一般在恐怖片驚悚片看到的那種「靈
異」是沒有的，但如果說是像冥冥中「顯靈」的倒是有。

分析骨頭儘管聽起來很科學，但實際上可以令人很沮喪，
因為成功透過骨頭分析確認其身分及找回家屬，大約只有
百分之二十的機會。記得有次在東帝汶工作時，我以每天
處理 1.5 副骸骨的速度，處理囤積在殯房已久的骨骸發現。
有一次，我花了周一到周四共四天分析，卻發現所有骸骨
都很相似，彷彿每一副都有同樣的背景，讓我不禁質疑自
己是否忽視了甚麼可疑的地方或線索。

到了周五，我如常走進殮房的工作間，看著鋪排在工作桌上的骸骨，嘆了一口氣，在其中一副骸骨旁邊坐下，開始很難過地自言自語：「到底我錯過了甚麼，看漏了甚麼？……你能告訴我到底差了些甚麼嗎？」語畢，我振作起來，從頭到尾把骸骨再檢查一次。突然間，我就在其中幾根肋骨上面找到些已經癒合的創傷，同時也找到了一些很細微的死時創傷。這些創傷並不一定是致命傷，卻能提供更多有關死者在生及死前經歷的線索，令鑑定身分增添一絲成功曙光。

這種「顯靈」現象幾乎在每次與骨骸對話後都會出現，不論我正身處哪裏工作。每個人和世界溝通的語言都可以不一樣，有些人可能透過不同種類的運動，有些人可以是音樂，但對我來說，骨頭才是。每個人獨一無二的故事都記錄在骸骨上，就看我們能不能與它對話、溝通，盡力把最有可能的故事情節翻譯成文字。

與骨為伍的日子

骨頭趣談

小傷口 的 啟示

每次去挖掘的時候，我們都被提醒要特別小心，尤其必須戴上防割傷手套，因為你永遠不知道在泥土裏面何時會遇到碎玻璃、螺絲釘等；另一樣要注意的，就是必須在出發前注射破傷風疫苗或接種加強劑，因為你永遠不知道泥土裏面的金屬碎片有沒有生鏽，泥土有沒有帶菌，萬一因為意外割傷了，就很容易感染破傷風菌。

每年都有學生說：「破傷風應該很小事，不用大驚小怪吧！」我聽到後都會請他們搜尋一個辭彙 ——「opisthotonus」。Opisthotonus 即角弓反張，病人的背會強行拉直，令身體向後反折。在網上搜到的，往往是一八零九年 Sir Charles Bell 的油畫，描繪當時患有破傷風的病人角弓反張的情況，第一眼看到其實相當駭人。

破傷風菌會令肌肉收縮，繼而令沿著脊骨的肌肉痙攣，導致身體不由自主地向後彎曲，呈半圓形的弓形，在嚴重的時候，患者躺下的話就只有頭和腳跟能接觸地面，較輕微的症狀則主要發現於顎骨的肌肉，令上下顎肌肉鎖住（lockjaw）。當然這些症狀可以透過找出原因作出適當治療而改善。

秋冬季節時天氣乾燥，不少人的手指都會皸破（爆拆）或有很多倒刺，曾有朋友因而手指頭受感染腫起來，甚至含膿。其中一位朋友覺得很不可思議，因為疫情之下，常常用酒精消毒雙手，應該較不容易受到感染才對。醫生邊開抗生素藥單，邊說事實剛好相反，因為消毒時洗掉了手上原本的油脂令皮膚更乾燥，皮膚更易皸破，增加傷口感染的機會。

所以不要看輕一個小小的傷口，不要以為一定是小事，其實也可以引發很嚴重的後果。

牙齒 的 密碼

著名童話故事及芭蕾舞劇《胡桃夾子》的原型,顧名思義就是一個胡桃鉗。在最著名產地德國厄爾士山脈那邊,胡桃鉗都被製成擁有大鬍子、戴著高帽的士兵、國王、憲兵等模樣,並用作聖誕節禮物。《胡桃夾子》就是講述德國鄉間一個家庭,小女孩 Clara 從一位玩具商人手中獲得一個人型胡桃夾子,誰知半夜時老鼠王大軍來襲,原本放在聖誕樹下的胡桃夾子便化身正義英雄,在寡不敵眾的一剎那,Clara 救了胡桃夾子,為報答對方,胡桃夾子就帶 Clara 到甜蜜王國參觀……

《胡桃夾子》是童話,但有沒有想過,如果真的有人形胡桃夾子的話,他們的牙齒長期用來開果實殼,會有怎麼樣的變化?

胡桃夾子的咬合程度，應該可以從考古發現來推敲。考古發現讓我們知道，如果利用牙齒咬碎如堅果殼般堅硬的東西，我們上下顎的大牙（臼齒）都會留有嚴重磨損的痕跡，而附近的肌肉帶也會異常發達。

使用牙齒作為我們的「第三隻手」去輔助生活，其實並不陌生。回想小時候，我們經常會看到長輩們尤其是女性，用牙齒拉斷線頭，例如「線面」脫毛就是靠牙齒把線的其中一端固定好，而用牙齒咬開包裝就更加常見了。如果長時間使用牙齒作生活上的輔助，都會在牙齒留下痕跡。

在十七世紀的考古發現中，就不難找到有使用煙斗的骸骨，因為其牙齒都透露了死者生前的生活習慣。長期使用煙斗的人士，往往以牙齒「擔著」煙斗，因此磨損牙齒的琺瑯質，久而久之，這些壓力不單會在牙齒上弄成一個洞，更會將牙齒裏面的結構全都暴露在空氣中，最後造成牙齒剝落等現狀。由於在十七世紀，不論男女老幼都有使用煙斗的習慣，所以因為生活習慣而造成的牙齒改變，就成為了一個時代的印記及標記。

耳仔 軟

小時候在耳珠釘了耳洞後，就一直想在耳骨再釘一個，覺得好好看，可是又怕痛。跟朋友講起，作為過來人的她說，只要耳骨夠軟就不會太痛，於是我請她摸摸我的耳骨，怎料她說「你去釘應該會好痛啊！」長大後也常聽到有個說法，說要找耳仔軟的另一半，他就會乖乖聽老婆話。

科學有給我們相關的見解嗎？

耳朵 —— 你看到的外露部分 —— 都是由皮膚、軟骨及六組肌肉組成。骨頭組織無論是骨骼還是軟骨，都是以特定的細胞組成。而人在胚胎的時候，就會慢慢開始從這些細胞發育成骨頭，唯獨在氣管、鼻、耳朵、喉嚨等地方會找到沒有成為骨頭一部分的軟骨。軟骨的特性是比較少血管，

對外來力的抗壓力較高，甚至耳部的軟骨經常與鼻的軟骨在重塑臉容手術中相互移植，以協助臉部或顱骨底有缺陷的人重拾正常生活。

由於軟骨與其他軟組織一樣會在腐化時消失，換句話說，耳朵會在人死後就慢慢消失不見，不過，從骨頭上看上來，耳朵消失後會剩下一個位於顱骨（temporal bone）上的外耳道（external auditory meatus）小孔。當然，亦可能因為不同原因而病理發炎或受創時，令軟骨位置比較硬，但最後還是有機會完全腐化掉。

當我們找到一個頭顱時，也絕對沒有辦法從骨頭去判斷到底這個人是否「耳仔軟」，同時，科學不同領域亦暫時沒有研究證明耳仔軟與聽話不聽話有關係。所以，這個說法是不是真的，暫時沒有辦法考究，或許可以請已婚的讀者們與我們分享一下心得。

瞓捩頸

冬天時，社交媒體上除了出現很多打邊爐的照片之外，更會常常看到其他洗板字句，例如「我瞓捩頸啊！」—— 為甚麼在天氣寒冷的時候特別容易出現這個情況？

不同研究都曾經嘗試找出肌肉及關節疼痛與寒冷天氣的關係，當然沒有一個絕對的說法，但裏面也能看到一點端倪。其中一個就是因為寒冷天氣減少了關節及肌肉的活動，所以當我們在睡夢中醒過來，突然要做出很大的動作及姿勢改變時，肌肉及關節便對這突如其來的改變有點反應不過來。

因為寒冷天氣的關係，我們都會自自然然把自己蜷起來，如果在室外的話，則很自然把肩膀收起，在寒風中瑟縮。

這些不自覺的姿勢變化來得很自然，但久而久之就會令我們頸部及背部的肌肉收得很緊，一整天甚至幾天下來都沒有放鬆，無形地為肩頸位置增添壓力。另外一個很重要的原因就是因為天氣寒冷，身體裏面的血管（特別是沒有太多衣物保護的位置）都會收窄以減少血液流通到頸部、手部、腿部等位置，以確保能夠為軀幹這重要部分保溫，所以也令血液循環變差，於是瞓捩頸。

還有一個說法是因為寒冷天氣導致氣壓有所改變，繼而令關節滑膜中的氣體（synovial gas），即平時讓我們能夠「啪」手指的關節中的氣泡有所改變，再影響相關關節及鄰近肌肉結構。雖然有風濕的朋友們感受會異常地深，但從科學角度來說，這個說法就需要更多的研究去證實了。

要改善這個現象，最簡單的就是去按摩。不過若有疫情限制不能去，在家利用熱力去暖敷，或是進行伸展運動等都是有效的紓緩方式。

石頭 人

每年二月的最後一天都被定為「世界罕病日」（Rare Disease Day），而剛剛在這一天，我讀到一篇文章列舉一共六個罕見骨科疾病，其中一個是「石頭人」。

石頭人，即 Stone man disease，學名則為 fibrodysplasia ossificans progressiva（FOP）。FOP 患病率差不多是數百萬分之一，當病患身體上的纖維組織（如肌肉、韌帶等）受傷時，身體不會啟動治癒機制，而是把這組織骨化（ossification）。FOP 是基因病變的後果，並沒有受任何種族背景或性別等因素影響。患者最初發病的是頸部、肩膀，之後由四肢蔓延至全身。我們能從患者小時候診斷出病症，他們出生時有著奇怪的拇趾，有點像年輕人或小孩的拇趾外翻（juvenile bunion），而且皮下組織會慢慢出

現類似腫瘤的徵狀。一般 FOP 患者大約只有四十歲壽命。

在日常生活中，我們都常常不經意地讓肌肉或筋腱造成輕微創傷（microtrauma），這種創傷不會太嚴重或帶來太大痛楚，受傷部位會自行修復，惟此機制不適用於 FOP 患者。如果 FOP 患者跌傷或接受任何入侵性治療，受傷部分就會出現骨化現象，限制了他們的活動能力，並且會限制口部活動，久而久之影響其說話能力，亦令他們無法進食，最後往往會營養不良。因胸腔肋骨周邊組織都會骨化，影響呼吸時胸腔膨脹的幅度，因此患者亦會出現呼吸困難。醫學界暫時未有有效治癒 FOP 的方法。

很多罕見疾病患者的經歷，或許對旁人來說都是隱形的、難以想像的，因此設立「世界罕病日」，就是為了讓世界不同的人關心及認識罕見病症，嘗試體會病患所經歷的種種，並為家屬送上支持。希望大家明白罕病患者或在我們看不到的地方，獨自默默地承受著一切，不妨為他們送上多一份關懷。

骨折 的 迷思

有朋友曾經問我，為甚麼兩隻手肘收起來時，沒有骨折過的手能碰到肩膀，而受過傷的卻不能，我立刻問他：「你之前是不是有跌斷過那隻手肘？」他猛點頭，說是很久以前的事，到底有甚麼關係？

在一個活人體內，癒合作用幾乎是從受傷的下一刻就開始。受了傷，血液就會立刻增加流量到受傷位置。由於皮質骨（cortical bone）與骨髓相比，本來就比較少血管，較少血液會流到，因此會相對容易有骨頭壞死的情況發生。皮質骨壞死的例子之中，盆骨壞死或髖關節壞死較常聽到，簡單如老人家跌倒或踩單車出意外受傷，都有機會導致這個情況。

在一般情況下，當血液流到去骨頭受傷的地方，骨頭就會進入血腫階段（Hematoma stage）。之後，隨著免疫細胞趕到，血腫就會被推開，成骨細胞就會開始工作，協助骨痂（Callus Formation）形成，把斷骨位置連合起來。一般到了這個時候，如果患者打了石膏的話，醫生都會按情況把石膏拆掉，不過接下來的幾年才是能否完全痊癒及恢復正常活動能力的關鍵。

因為骨痂結構比較柔軟，需要數以年計的時間慢慢透過重建（remodeling）來成熟，以達到受傷前的骨頭韌度。過程中如果傷口固定得好，患者能好好的聽從醫生指示，便能夠令骨折癒合，完全不在骨頭之上留下痕跡。若患者沒有找醫生處理或沒有按照醫生吩咐的話，骨頭癒合的結果則可能不太「靚仔」，骨頭有機會因癒合的位置不準確而縮短，亦有機會因為骨痂的位置不完全正確而減低受傷關節痊癒後的活動能力，所以才會有跌斷過的地方很容易再次斷骨這個說法。要骨痂成熟到像骨頭般的過程，一般都要六到九年，視乎受傷位置等而有所調整，而癒合過程都可以以電腦掃描等醫學用影像去分析。

香港的 「防禦性 骨折」

之前讀到聯合醫院前骨科主管陳志偉醫生的專訪，他用骨頭比喻香港的社會狀況。他以前臂為例，如果小朋友斷了這塊骨頭，只要處理得好便可以在一年後檢查時就找不到任何骨折痕跡，如果是成年人傷及同一位置，因為過了發育期，骨頭的韌性比小孩低，如果傷及周邊的肌肉及神經，引發的後遺症則更為嚴重。

我隨後在臉書專頁分享這篇文章，有讀者感慨地說，覺得我們現在的領導人一步步地推著這個地方去死。看上來，一條骨對他們只是小事。幸好我在與讀者的交流之間找到了一絲希望。

我們的前臂由兩根骨頭組成，分別是橈骨（radius）及

尺骨（ulna），對我來說，他們永遠是形影不離的。而在眾多種骨折當中，前臂中的尺骨骨幹骨折（亦稱 Parry Fracture）是典型的防禦性創傷及骨折——在面對任何以頭及臉部為目標的攻擊時，我們身體的本能反應是舉起手，以前臂抵擋，因而令攻擊落在尺骨骨幹之上。因此有時候我們檢查及分析骸骨時，如果找到有這類型的防禦性創傷，都幾乎可以推斷骸骨主人曾經被近身襲擊或攻擊。

不論哪一種骨折，只要沒有因此而喪命的都會慢慢癒合，這個過程稱為骨質重塑。而在癒合過程當中，骨頭的增生與肌肉一樣，必須給予適量的壓力及力量。這也是了解骨頭重塑其中一個最重要的生物力學概念。換句話說，當骨頭承受力量時，可以按著外來環境的力學刺激，並隨著時間增長，令骨質增生變得更強壯。

對我來說，骨頭是一樣很有趣、很特別的東西。如果模仿陳醫生，以骨折去比喻現在香港的情況，我會說我們現在經歷的一切就好比防禦性創傷一樣——當受到外力攻擊時，所有視這個地方為家的人，不論來自哪個年代、甚麼背景，都會以自己的方式互相配合，守護這個家，防止她再受更多傷害。這是我們的本能反應吧！同時，亦因為外來的力學刺激，令協助抵擋攻擊的我們順應變化，慢慢變得更強。或許整個過程需要一段時間，但我相信在完全癒合之後，香港的負重能力會比之前有過之而無不及！

從骨頭看見

骨頭與科學

科學爲先 的 屍骨代言人

我曾在塞浦路斯工作，其中一個崗位就是挖掘項目的助理顧問。我們花了兩星期教授人骨學及法醫人類學「雞精班」予前來工作的學生，最後是考試時間。

考試分為兩部分：口述報告及案件處理。口述報告以小組形式，讓學生盡他們所能去講述他們面前的骨頭的故事，包括性別、年齡、生前病理等。考試時，學生都很緊張，不停皺眉頭，壓力很大。要這樣考試，是因為法醫人類學家本來就經常在高壓環境下工作，因此必須確保他們能夠在這樣的條件下，仍能利用科學作出準確判斷。

其中，有組同學說骨骸上的顳顎關節（Temporalmandibular Joint）有「蓄意（intentional）」移位（dislocation）的痕跡。

我聽到後滿頭問號，不禁思考到底誰會蓄意令到自己受這種「甩臼」之苦。在我準備提問之際，席間兩位教授已經相繼追問。同學解釋道，她原意是想表達這不單純是意外（accidental）事件，可是當我們追問她是如何作出這判斷時，她卻答不上話，只說從骨折及創傷痕跡推斷出來。其實，那副骨骸上的種種痕跡看上去都是意外事件造成的創傷，而不是蓄意。

不過，這也不代表不能是蓄意事件主導造成的傷痕。例如骨骸上有其中一款手腕骨骨折（Colles' Fracture），是人在跌倒時，反射地以雙手撐地而造成的，但這個人到底是被推倒，還是不小心跌倒的，骨骸暫時未能為這背後原因提供答案。因此，這位同學應該直接說「傷痕跡很大機會並不是意外造成」，避免使用像「蓄意」這種強硬的詞語。

法醫人類學家 Dr. Galloway 曾寫道，「必須避免證據以外的推測（Conjecture beyond the physical evidence must be avoided.）。」我們呈交的報告，說的每一句話都很關鍵，因此選詞必須謹慎。我們是屍骨代言人，必須事事以精準科學為先。

與死神戰鬥 的 金手指

很多人會覺得對抗疫症可以單純以科學作出考慮，沒有其他。或許我的專業並不是醫學，但光是我特別鍾愛的古病理學（paleopathology），已經可以完美地反駁「疫症只有科學依據」這個說法。

如果有留意就知道疫症會發展至如此規模，並不是歷史上首次（「巧合」地在一七二零、一八二零、一九二零及二零二零年都有），而疫症出現與地方的歷史、社會環境、生活方式有著莫大的關係，如海盜多患有壞血病（Scurvy），是缺乏維他命 C 的嚴重後果；工業革命時期因為經濟起飛及城市人口稠密的關係，倫敦的環境壓力引致致命的肺結核（Ttuberculosis）大規模爆發，繼而令到人想到利用馬甲（corset）來協助患者，並因此推翻了馬

甲一直只有女士穿著，並且只是裝飾性衣物的印象。換句話說，透過研究這些歷史事件及人類骸骨上因為病症留下的痕跡，我們可以推算有關族群的資料，如死者是社會哪個階層的人，並間接告訴我們為何他們的結局是這樣，從而向改善公共衛生著手。

現代醫學是人類與死神之戰的「金手指」，多得醫學發展，我們漸漸獲得了與死神過招、交手的機會，但要如何使用這金手指，或是如何理解，並不能單一地只從科學去學習。醫學的崛起與每個地方的歷史及人文史都有關係，文理科的學習及應用本來就不應該一分為二，才能讓大家以多角度去了解事件，知道如何預防同類事情在將來再發生。

解剖 維納斯

正所謂「你有張良計，我有過牆梯」，中世紀的歐洲及西方國家因宗教等種種原因而禁止解剖人體。隨後，隨著文藝復興進場，再次燃起人對解剖學及人體結構的好奇，因此衍生出不同形式讓人學習的工具。

十八世紀製作的「解剖維納斯」，就是醫學院講授解剖學的工具。維納斯時期的社會在宗教推動之下，極度推崇了解及學習人體結構。他們覺得如果不了解人體結構，就等於不了解和不欣賞神的創造力及恩典。維納斯是古羅馬神話中代表愛情、美及豐饒的女性，幾乎就是理想化的裸女繪畫及雕塑原型。這能追溯到當時社會對女性的看法，並以蠟像封印了年輕女性的美跟吸引力，同一時間透過其身體展示著人體構造的奧妙，因此這些蠟像令人覺得有趣又

有點難受，相當諷刺。現在的解剖維納斯成了放在博物館的展品，從學習工具到藝術品的身分轉換，都是因為在學習解剖學的路途上有其他選擇，例如「無言老師」。

解剖學訓練，不只關於人體結構，同時關於生死、人性與利他主義、尊重及尊嚴這些大哲學命題。它是修行的一種，整個學習過程都是非常個人的。當你了解到解剖學的美好，就會想將這份心意傳承給後代，讓其他人都可以學習人體結構的奧妙，並進行他們自己的心靈修行。

世事難料，很有可能兩年後、幾個星期，甚至數天後放在各個醫科生面前的「無言老師」，他們的心今天還在跳；可能你們在街上曾經擦身而過，他或她還在過自己的生活，也有可能就是今天，令他或她決定成為無言老師的一員。無論是醫科生、法醫人類學家、生物考古學家，甚至因他們的出現而受惠於其醫學研究結果的大眾，都必須要存有感激的心──這種陌生人對人類的無私奉獻不是必然的。

在我來說，解剖學除了是一門專業知識之外，更是一面鏡，在它面前，你可以看到自己對死亡，對屍體，對生命，對解剖的一些潛在觀念。你可能會感覺到，美可以透過死亡來加強，而並不限於漂亮的外觀及外貌。

「集資」斷症

紀錄片 *Diagnosis* 中，醫生 Lisa Sanders 藉著她在《紐約時報》的專欄向全世界讀者招手，希望透過「集資」—— 收集資訊 —— 出一分力，幫助了解更多稀有病或未知病症的病患情況。

之所以有這個想法，是因為每個病人去看醫生時，都希望對方解答「到底我有甚麼問題？」這難題，而醫生也必須要正確診斷出病症，才能對症下藥。可是她行醫這麼多年，明白到斷症（making a diagnosis）並不像「乘數表」般永恆不變的鐵律，反而比較像偵探一樣，需要抽絲剝繭，得出結論。在醫學院，Sanders 其中一個最重要的得著，便是一同斷症的同伴就是每個醫生最佳的斷症工具，因為即使就著同一個病人，大家都可能有不同判斷。

在法醫人類學中，病理學或古病理學這「斷症工具」也是異常重要，透過這個工具，我們可以得出「鑑別診斷」（differential diagnosis）。

鑑別診斷是一個系統化的診斷方式，利用不同的條件、因素，並從多個選擇中消去不合適的選項，從而以類似症狀去推斷一系列有可能的病症。鑑別診斷基本上與醫科同義，在任何有關古病理學的研究中，對研究人員來說都是非常重要的一步。在法醫人類學中，經常出現同一個病變有不同名稱、不同定義，尤其在古病理學病理定義上，即使與醫學上有著同樣的名稱，背後兩個領域的定義卻有所出入。因此，我們對症狀的描述需求異常高。在醫學診斷上，會用到家族病史、醫學知識、臨床研究作為判斷的條件，而古病理學除了考慮以上診斷條件之外，亦會考慮歷史、生活習慣等。例如，如果看到一副牙齒有嚴重損耗的痕跡，可能就會從多個角度了解他生存的那段時間是不是有著用牙齒當「第三隻手」的習慣，或是與它們那個社會、那個階層的飲食有沒有關係，這些都是我們要考慮的不同情境。

得出鑑別診斷，等於讓觀察者了解其他研究角度及解讀，對推斷骨骸的經歷非常有用。同樣，透過 Sanders 的「集資」實驗，不禁令人想像到底網絡能為醫學特別是稀有病患，帶來多不同的世界，甚至拯救多少人的生命？

信任 與 斷症

上文提到的紀錄片 *Diagnosis*，其中一位主角、十七歲的 Lashay Hamblin 患有離奇疾病 —— 不論她吃或喝任何東西，都會自動把那些東西嘔出來，經過多年的測試及診症，Lashay 依然沒有一個明確的答案究竟她患了甚麼病，更遑論如何處理。Sanders 醫生的「集資」斷症計劃，卻可能帶來一絲曙光！

Sanders 醫生最後成功從世界各地（包括香港）收到接近三千個回覆，當中有些斷症更與她的臨床意見一致 —— 她與部分回覆的人都認為 Lashay 患有「反芻綜合症」（Rumination syndrome）。這個病與一般厭食症等情況不同，可以因為精神障礙包括抑鬱、焦慮障礙、強迫症、創傷後遺等原因誘發。Sanders 醫生後來把 Lashay 的所有醫

療記錄從頭到尾讀一遍，發現部分的測試結果都和這個斷症不謀而合，而原來早在 Lashay 出現病徵後兩年，已有醫生作出同樣判斷。

可是，當 Sanders 醫生把這個診斷結果送到 Lashay 及她媽媽 Jodelle 手上時，她們都不太滿意，亦不想接受。Jodelle 解釋，因為之前做這個診斷的醫生態度不好，而 Lashay 說每個醫生都有自己的判斷，她每次去看不同醫生就被告知患上不同病症，對她來說很難受，現時已不知道應該相信甚麼、做些甚麼。最誇張的是，曾有醫生因為 Lashay 是青少年，就覺得這一切都是 Lashay 自己幻想出來。這一切都令她們對醫學失去信心。

不是每個人都善於溝通的，包括醫生或我們這些從事法醫科的人，要與病患及家屬溝通時就更加不容易。在人與人的交流間，信任是很重要的。在生死攸關的情況下，病患對醫護人員的不信任可以是溝通失誤造成。我們唯有本著同理心，糅合專業知識及意見，設身處地，才能與大眾及家屬建立信任，有效地為有需要的人服務。

骨子裏的話

骨頭與歷史

活埋「死者」

一七二九年二月某日，有報章刊登了這樣的報道：

「一名負責送牛奶的女士的女兒，最近在自己的葬禮上被活埋。葬禮上，賓客都覺得死者的身體看上去依然乾淨企理，更把放大鏡靠到她的嘴唇上，看到因為呼吸而產生的霧氣，可是女孩的媽媽保證她女兒真的死掉了。不久，女孩的屍體被落土安葬，但過了沒多久，有盜墓者前往墓穴，誰知打開棺材後，發現裏面的她抱著膝蓋，手捧著鼻涕，亦看到她為了生存或不要睡著，不停咬自己來保持清醒，隨後把她送到醫生處希望可以為她止血，但最後來不及。」

故事看起來很像電影情節，但在十八、十九世紀的美國及歐洲，特別是霍亂及天花肆虐的時間，人們的確相信有些

疾病會因為人偽裝死亡而離開身體，繼而令人痊癒，因此出現了「裝死」的做法，甚至衍生出「安全棺材（safety coffin）」及「等候停屍間（waiting mortuaries）」等措施，防止真的不小心活埋了「死者」。

這又衍生出一個稱為「被活埋恐懼症（taphophoboia）」的病，除了因為傳染病肆虐而傳遍歐美，某程度亦因為艾倫·坡（Edgar Allan Poe）的短篇小說《過早的埋葬（Premature Burial）》及上述的類似報道令到人民更為驚恐。據說當時有醫生曾經挖掘出被活埋的活人，說在開棺時看到屍體在裏面動過的跡象。

這些活埋個案的真實性沒有辦法考究，畢竟已過了這麼多年。值得留意的是，這一切都發生在法證科學及法醫學成熟之前，當時的人對屍體變化及腐化過程不是很了解，因此說看到屍體在棺材動過的跡象，其實可以是屍體腐化而造成的錯覺。就如歷史中顯赫有名的亞歷山大大帝（Alexander the Great），根據記載，其屍體在死後沒有任何腐化跡象，而古希臘相信屍體沒有腐化就是神。可是現時有新的推論，指出這與亞歷山大大帝死前罹患吉巴氏綜合症有關，令到他身體癱瘓、呼吸非常淺、身體沒有恆溫及瞳孔完全放鬆，看上來就像死了一樣。換言之，亞歷山大大帝有機會還沒有死，因此其「屍體」當然沒有腐化，甚至他聽覺可能依然靈敏，聽到周邊人就繼位一事爭吵，

亦聽到防腐師在自己床邊工作。

說回那些裝死的個案，通常都是以悲劇收場，不過亦有說法指部分人成功活回來，全因盜墓者意外地成為英雄，在前往「發財」時發現人未死而及時將他們救起。這應該可算是對盜墓者少有的正面評價吧！

喚醒良心的 大火

一九一一年，紐約市發生一場被譽為「改變紐約良心」的
大火。

事情發生於當年三月二十五日紐約一間三角內衣工廠。當
時的管理員因為防止員工在工作時偷溜出去抽煙，把所有
出路及門口鎖上，導致在火災發生時員工不能逃出，共計
近一百五十人死亡，都是被燒死或被迫跳窗逃生而摔死。

按照當時《紐約時報》報道，事件發生後，數以十萬計家
屬及旁觀者魚貫湧到附近的殮房，而很多屍體因為嚴重受
傷，完全認不出來，記者甚至形容不能用「屍體」稱之，
不少家屬只能透過遺骸上僅有的飾品及服飾來辨認身分：
有媽媽透過她親手縫製的襪褲認出了女兒；有父母透過手

指上燒到溶掉在肉上的戒指找到女兒；有男子透過遺體手上的求婚戒指，並在她身上找到屬於自己的懷錶而認出未婚妻，原來他們訂婚不足二十四小時；有父親排隊排了五個小時，把三個女兒都認出來，可是因為太悲痛當場企圖自殺……種種傷心欲絕的故事上演上百次，氣氛極為悲痛。

是次慘劇，令紐約市不得不正視工廠安全問題，並需確保工人要有安全及更理想的工作環境，因此促成了工會的成立。

用了接近一百五十條人命喚醒的良心對後世影響很大，但令人不得不發問的是，是否每次都需要用人命才能喚醒良心？發生在九十年後的九一一事件，因為傷亡數目太大的關係，美國才開發全國用的 DNA 及指紋資料庫；又例如二零一八年年底，因為加州大火才衍生出「快速 DNA」技術。每一次，法醫人類學這個專業得以獲得相當重要的發展，都因為大型的災難事件。光看技術的發展及發達，實在令人振奮，不過如果把背後的代價一起衡量，卻令人心寒。

人，是否還需要以生命來換取科技、技術的進步？

幽靈 船

在二零一九年的最後四天，外媒出現了一則駭人的新聞：
帶有人體殘骸的「幽靈船」沖上了日本一個島嶼！

其實，二零一七年也有類似的事情發生。當年的十一月，
不只一艘「幽靈船」出現在日本海域。船隻相信來自北韓，
因為船上找到來自北韓的煙盒及寫有韓文的救生衣，而令
人感到驚悚的是，這些「幽靈船」裏面都乘載著已經化成
白骨的人體殘骸。「幽靈船」的來龍去脈不得而知，雖然
可以按照船上物件等推測來源地等資料，卻不可能知道中
途到底發生了甚麼事。一般的猜測是，由於這些「幽靈船」
都是漁船，而船上設備相對簡陋，有理由相信一旦漁民出
現任何狀況、意外甚至缺糧，都只能隨著海域漂流，等待
救援，最後失救而死。

而二零一九年這一宗更令人覺得神秘，因為船內尋獲五具屍體及兩個人頭，而同樣地，船骸上亦有韓文的標示。那些屍體部分已經變成骨頭，警方也沒有辦法追尋兩個頭部的來源，因此骨頭及屍體都是一個謎，但卻暗示著一個重要的社會現象：因為國際間對北韓的制裁愈來愈激烈，令國家在耕作及食物供應上倍添壓力，迫使很多當地漁民不惜冒險，以簡陋的設備遠征捕漁。

或許有人會覺得這些漁民很傻，就這樣賭上生命，但他們的不顧一切，其實以另一個方式令我們理解到他們生活的實況。這些「獵奇」的故事，其實是歷史的目擊者。

感恩 節

初到美國時，每年十一月下旬都對感恩節異常期待，氣氛就像小時候的農曆新年——所有人聚首一堂，聊聊家裏以前的故事、大快朵頤，飽得完全不能動、所有商店都關門，每個人都能共聚天倫……

而每年感恩節之前，一定會在不同場合重溫到感恩節的歷史及由來。根據美國歷史記載，當年從英國到美洲的人民在冬季之時，遇上了當地印第安人，從對方身上獲得生活必需品，又學會狩獵及種植等，終於獲得豐收。因此按著宗教習俗，為了感激上帝及印第安人的幫助，於是在一六二零年開始慶祝感恩節。

這個聽來美好的節日也有另一面。

這些移民來的歐洲人，為原住民們帶來了病毒及瘟疫，因為原住民身體都沒有任何抵抗力，繼而令很多印第安人死亡。此外，這些英國新移民佔據了原住民的土地，並大肆屠殺印第安人，逃過一劫的也會被賣去做奴隸或是被流放。在瘟疫及屠殺過後，原本的美洲原住民人口大幅下降，到一六三七年時，原住民人口只剩下原本的四分一也不到，而這些歐洲來的移民卻成為了美洲的「主人」。因此，在美國主流社會慶祝感恩節的同時，原住民們其實都對這個殺戮紀念日很不忿。

這個版本的歷史最近愈來愈多人留意，甚至開始以一個較溫柔的方式如兒童繪本，向小孩子呈現感恩節歷史的另一面。曾經在托兒所短暫幫忙照顧孩子的我，曾與職員討論這樣教導孩子的利弊。最後我們都同意，其實歷史根本沒有絕對的好壞可言，而只是事實，而且多數由勝利一方書寫，也正是因為這樣才要從多角度了解，盡力重組當時的現實，令小朋友從小學會自行判斷過去到底發生了甚麼事，才能好好領悟歷史給所有人的教訓。

凍結時間 的 警報

七月十五日早上八點二十分，南塞浦路斯響起了空襲警報器。

同樣的警報器每年都會在同一天的同一時間響起，以紀念一九七四年同時間發生的事。因為這個警報，塞浦路斯從此變得不一樣。

一九七四年，土耳其兩度入侵塞浦路斯，驅趕住在北部的希臘裔人民，特別是婦女、長者及小孩，令他們被迫逃往南部。整個入侵行動中，有約四千多到六千名民眾及士兵傷亡，更有數千人失蹤至今，土耳其的傷亡人數亦有數千；民眾流離失所，有孩子瞬間變成孤兒。

這些被迫遷移的難民原本在北部的故居，到今天也如同被時間冰封在一九七四年，無論建築物外部還是家裏的擺設都維持原狀；周邊的海灘及遊樂場依舊，只是沒有了昔日張張在嬉戲的面孔，取而代之是一道道鐵絲網及駐守的土耳其軍隊。因為這次入侵行動，塞浦路斯的尼科西亞（Nicosia）成為世界上唯一一個依然被分割的首都。

針對著今天依然未被尋回的塞浦路斯人，塞浦路斯當局在尼科西亞兩塞的邊界附近，設立了一個尋人機構，希望從兩塞及土耳其找來相關鑑識專家，為尋找到的骨骸尋找身分，並希望透過科學認識歷史真相，令兩塞更了解大家，以達至和平及最終統一。

骨頭，是人死後依然存在世上的僅有憑證。人，對骨頭可以是極度抗拒，有時間卻有點執著。當我們把骨頭用作歷史研究用途時，它們為人的生命提供答案；當我們考究精神及靈性層面時，它們令我們思考死亡。亡者，是被滅聲的受害人，藉著我們的專業，可以令他們的人生經歷或際遇重新揭示予後人知道。這種與亡魂溝通的使命及任務，是驅使我走得更遠的動力。每個人生活在世界上的故事都是獨一無二的，法醫人類學家的任務是要前往各式各樣的墓地，細心聆聽逝者的故事，把故事跟愛惜他們的家人和朋友分享。

今天，南北塞都為統一、和平及從這沉重的歷史中走出來而努力，希望不久將來可以省去「南北塞」的稱呼。

剝奪 悲傷

曾在研討會上聽過很多與死亡有關的不同研究:有關無言老師的,有關哲學的,有關醫學倫理的,有關法醫人類學的⋯⋯最令我動容是有關失蹤人口的幾項研究,特別是家屬們經歷的一個名為「悲傷剝奪」(disenfranchised grief)的過程。

「悲傷剝奪」是掉進了社會空隙和裂縫的一個狀態 —— 當一個人的悲傷不被認知,或因為種種原因而無法公開哀悼,又或是因為社會觀念而不獲得支持時,就是悲傷被剝奪的狀態。換句話說,一件事的發生明明應該傷心難過,但當事人或相關的人卻因為各種原因而被迫將之壓抑掉,因此被奪去了哀傷的權利。在數種可以造成悲傷剝奪的情況之中,有心理學家特別研究一種因為失蹤者或死者被污

名化而令家屬不能公開哀悼的情境。以墨西哥為例，可以為死者冠上污名的例子包括因兇殺案而死亡、因自殺而死、因吸毒而死、因愛滋病而死，甚至因為被消失而不知道其生死。

墨西哥的人口失蹤事件數以萬計，這類型被失蹤事件，被形容為當地人民最大的痛苦，因為政府不會認真處理及看待。光是一份二零一九年初發表的報告就指出，墨西哥一共有四萬多人失蹤，而成功找回的三萬多具遺體卻沒有辦法核實其身分。每年的八月三十日為每年一度的「國際失蹤者日」（International Day of Disappeared），不同組織都強調失蹤人士的狀態不明，對家屬來說是很無助的，他們既不是生存又不能確定已死，這個「新」的狀態就將他們的存在放進兩者的裂縫之間。

被失蹤是一項在世界很多角落都不停發生的罪行，沒有停止的趨勢，也暫時沒有出路，在每個社會的政策上或對當權者而言，都是被忽略甚至視而不見的一環。但是，看不見或忽略了是不是等於沒有發生過，或不會繼續發生呢？事實上，家人失蹤對一個人的日常生活影響很大，不只影響其法律及經濟上的地位，還會影響其身心健康。

想承認也好，不想承認也好，失去就是失去了。每個人都值得在失去至親時用自己選擇的方法去悼念、紀念，不管

是哪種方式，因為必須有一個確實、肯定的告別，才能讓經歷此創傷的人的傷口開始癒合。

一百 天

一百天，大約是三個月多十天。

一百天，對不少家長來說是一個里程碑，會為初生嬰兒舉辦百日宴。但對盧旺達來說，二十五年前的一百天留下的傷痕，應該會長期籠罩著整個社會。

一九九四年年中，短短一百天內，共有八十萬人民被屠殺，主要針對當地的圖西族（Tutsi）人。盧旺達當時約有八成五人口屬胡圖族（Hutus），圖西族是少數。在脫離比利時殖民統治後，政權轉交到多數人口的胡圖人手上，然而在往後數十年，盧旺達一直都未有妥善處理兩族之間的對立及歧視問題。當年的四月六日，載著時任兩名胡圖族總統的飛機被擊落，二人罹難。有傳是圖西族極端分子的傑

作，雖然無從證實，卻成為大屠殺的導火線。

對於生還者來說，二十五年前的一百天「沒有任何希望，只有黑暗。」當時鄰居殺害鄰居，甚至胡圖族丈夫會殺害自己的圖西族老婆。由於當時的身分證會寫上每個人所屬的族群，民軍因此設立檢查站檢查，如果找到圖西族人就當場屠殺，而不少圖西族女性更被綁走成為性奴，甚至連神職人員也在教堂殺害來尋求庇護的人。國際政府沒有主動介入，直到聯合國游說他們支援；同年七月，圖西族人連同鄰近的烏干達軍隊反攻，擊敗胡圖人政府。由於胡圖人怕遭到報復，便逃離到鄰國。這持續了一百天的殺戮才終於結束。

這類屠殺事件並不是歷史上首見，在離我們不遠處的緬甸，這些可能都是羅興亞難民的經歷。美國集中營紀念博物館於二零一七年年底發表了一份深入的報告，列出所有可以證實這次為種族滅絕大屠殺的證據，促請政府及國際間達成共識，協助拯救這些難民脫離苦境，儘早結束這次不人道事件。這些不停重複的慘劇，警惕著人類社會一直以來的問題：我們都忽略歷史，沒有汲取教訓。

歷史是哲學的範例。美國學者 Timothy Snyder 曾指出政治可以分成兩種，簡單來說，一種就如進入昏迷狀態，另一種則是進入被催眠狀態。歷史就是放在這兩個極端的頻

譜，如果沒有學習歷史而硬要選擇其中一端，最終只會步上絕路。歷史不只適用於政治層面，文化、語言、旅遊、傳媒等都要向歷史取經。只有從多角度仔細審視歷史，我們才能洞悉每件事的緣起，擺脫重蹈覆轍的命運。

屠殺　回憶錄

柬埔寨的紅色高棉共產政權，與我們在時間或地域上都感覺特別近。我對這個政權的了解，來自以前親身旅行到金邊的 Killing Fields 及 S21，隨後讀了一些生還者的回憶錄，甚至從人道及科學方向研究了保存及處理受害者的骨骸等等。

黃良的《他們先殺了我父親》是其中一本記載受害者親身體驗的回憶錄，後來更被改編成電影。黃良在書中憶述當時只有五歲的自己，用文字記錄他們一家原本在金邊的穩定生活，卻瞬間變成流離失所的難民的經歷。讀著她的文字，慢慢感受到她從天真爛漫、中產階級的嬌嬌女，一路因為赤柬的關係而變成一個需要咬緊牙關、堅強捱過悲慘共產主義生活的一個小女孩，當中的唏噓及痛心經歷，令

我有數次不得不停下來沉澱。

赤柬政權認為任何知識分子都是社會的威脅，因此受過教育的人、前政府的公務員，甚至戴眼鏡的人都要被處決，黃良的爸爸就是其中一分子。其中一些情節與我在 Killing Fields 聽著語音導航時的畫面一樣真實，感受一樣深刻，特別是講到作者的年幼妹妹及媽媽被處決的時候，我整個心都碎了。雖然黃良最後跟隨哥哥輾轉經越南到美國，但依然可以從文字中感受到她直到今天，仍然深受戰爭的影響，所造成的創傷已經不經不覺地全面滲透於生活。不論她如何想擺脫這一切，那些血淋淋的歷史細節都依然跟隨著她。慶幸的是，她發現愈是跟他人分享，傷痛就愈少。

黃良的故事，仍發生在今天的蘇丹、緬甸、北韓等處於戰爭狀態的國家，人民的處境仍不斷在重複。因工作需要，我要不斷接觸不人道及大屠殺事件，即使不再陌生，但每次讀到、看到、聽到的時候，虐心感都不會減弱。又因為工作需要，我必須將死者生前的經歷盡可能重整及重現，當每個小細節都變得異常立體時，難免令人難過，特別是看著受害者家屬及生還者的無力及哀傷時，眼裏總不禁泛起淚光。雖然如此，我也想將一切負面情緒化成能量，把專業賦予我的能力去為他們找答案，讓悲劇正式落幕。

時間　與　公義

最近，國際間有個唯一比較好的消息：盧旺達大屠殺通緝犯卡布加（Félicien Kabuga）在經歷二十五年逃亡後，終於在法國巴黎被捕。

前文說過，盧旺達大屠殺共有八十萬人被殺，雖然過了這麼多年，進行國際調查的組織及法醫人類學者依然不停在盧旺達首都外圍找到新的萬人塚。

每次找到新的萬人塚，對依然未知親人去向、受盡相思之苦和身心靈折磨的家屬來說，都可以說是曙光一現。可惜的是，有時候就算找到骨骸，也只能透過裏面的陪葬衣物間接推論他們的親屬曾經與這些被害人出現在同一個空間，但被消失的家人的下落卻無從稽考。令人心寒的是，

即使在這麼多年後，加害者都不願意說明到底被屠殺、被滅聲的人被埋在哪裏。

卡布加一直以來都是國際頭號要犯，國際刑事法庭（International Criminal Tribunals，簡稱 ICC）在大屠殺後，以「對一九九四年的《日內瓦協定》的嚴重踐踏、反人類罪，以及種族滅絕罪」起訴卡布加，指控曾經是當地富豪的他涉嫌在當年以商人身分資助大屠殺，包括購置屠刀、制服、裝備等，更號令旗下媒體進行滅絕行動，推動殺人競賽，並不停以非人化的藉口來合理化這場殺戮。

已經年屆八十四歲的卡布加，身上依然背著五條種族滅絕與煽動罪名。ICC 檢察官在卡布加落網後，表示任何人參與大屠殺的罪都將被追究，即使罪行早在二十五年前犯下。雖然如此，時間與正義及公義的競賽，的確會讓人感到焦慮。

骨頭與疫症

疫情下 的 守護者

疫情在香港從沒有如歐美般爆炸式爆發，多得各位市民全民戴口罩，並配合保持社交距離等政策。但遠在歐洲的意大利，疫情嚴峻程度前所未見，尤其是一個稱為貝加莫（Bergamo）的城市。

因為染疫者死亡的速度太快，當地醫院的殮房及殯儀工作人員追不上進度。根據《紐約時報》的訪問，他們說每天日出到日落甚至到深夜都不停地接收屍體，一個接一個，沒有間斷。對少數在疫情期間依然工作的殯儀館負責人Vanda Piccioli 來說，只感到無力及無奈，她說：「我們通常的工作是要給死者尊嚴，讓他們一路好走。現在感覺像是戰爭，而我們在收集受害者。」即使每天工作都會擔心受感染，亦有一定程度的情緒影響，但她覺得自己就如一

塊海綿，能協助他人吸收痛苦，因此謹守崗位，即使在口罩及手套短缺下的高風險環境下仍繼續工作。

除了接收屍體，Vanda 更會主動向運送屍體的人要求拿取死者的個人物品，包括伴隨入院的少量個人物品，或者是病床旁邊的一本書。Vanda 都會把這些物件放在紅色的膠袋裏面，最後送回家屬手中。送過的物品有一罐曲奇、一個水杯、一套睡衣、一雙拖鞋……都是些很平常、很日常的生活起居日用品，只是物件主人再沒有機會使用。

負責送病患進院的家人同樣飽受折磨，親眼看著至親愈來愈虛弱，直到真的沒有辦法之下，才聯繫當地紅十字會來幫忙。他們往往都會待在房間的另一端，心痛地看著至親戴上氧氣罩。大家都心知肚明，這有機會是最後一次見面。即使如此，他們依然要鼓起勇氣，向家人微笑揮手道別。

被忽略的　邊緣人

我們每天追蹤疫情的變化時，除了關注自身群體外，有沒有想到其實社會裏面有一些被邊緣化的群體被忽略了，甚至有可能引起人道災難？

全球監獄的人口大約有一千一百萬，當中至少有 124 個監獄超越了預設的最大容量。單是菲律賓，光在一個設定人數上限四萬囚犯的設施裏面，就關禁著二十一萬五千人，而海地一個監獄的使用率亦達 450%。

國際間一直規定在囚人士必須接受到與監獄外社區相應的健康及醫療服務，但現實是這些設施裏面的衛生情況令人擔憂。在如此稠密的環境下，囚犯的基本生活都成問題，更不要說要有 1.5 米或以上社交距離這種不實際的預防措

施了。在囚人士一般都要共用洗手間、洗手盤、飯廳等地方，以上面提及的菲律賓監獄為例，部分在囚人士更要堆在一起睡在地上。在如此的情況下，若有懷疑個案，要進行隔離可說是沒有可能吧，即使有空間隔離，從發病到被安排去隔離中間的時間，可能已經急速傳染給周邊的人了，更何況這次疫情的病者不少都沒有病徵。試想像每天看到周邊的人被陸續調去隔離倉，然後不停傳出這些人離世的消息，就好像被判死刑、等待行刑的心情，絕對是一種不人道的折磨。

每一次疫症，都在向我們展示世界的種種不平衡，以及社會上的各樣瑕疵。不過，世界上亦有部分國家如伊朗，因應疫情釋放了八萬五個在囚人士，智利亦把輕度犯釋放。這次疫情顯示了世上存在著很多超額監獄，要全面改革的路的確很長，但至少要靈活減低大規模感染的風險，令在裏面工作、囚禁的人士都不需要擔驚受怕。

看 不見的 死亡

美國的新冠病毒疫情嚴峻，這個肉眼看不見的病毒在美國各地肆虐，同樣地，被它奪走的生命也是看不見的。

因為社交距離等原因，病人病危時，家人不能去看他們最後一面；他們離世後，家人亦不能去瞻仰遺容，送他們最後一程。換句話說，對很多人來說，喪命人數可能只是一個數字，但他們卻是真實存在的每一個人，而現實中欠缺悼念儀式，令他們只能如煙一般就此消失，對家屬來說更是異常痛苦。死亡對所有人來說，本來已很不真實，你可以聽很多講很多，卻未必真實見證過相關的一切，如今疫情令這種不真實感加倍強烈。

可幸的是科技進步。筆者與在美國醫院工作的朋友閒聊，

她所屬的醫院給每一個病人送上一台簡單的筆記型電腦，讓不能來探望的家人能與自己虛擬地聚一聚。而所有在疫情裏喪命的人的葬禮，後來都用到 Zoom 等軟件進行網上直播代替。

可是不是處處地方都能考慮人性。美國有關病患送院或醫院裏面的情況，絕少有相關照片，其中一個原因是因為私隱條例。美國全國攝影師組織（The National Press Photographs Association，NPPA）負責人也指出，相片具有連結人與人的力量，可是要取得是次疫情的照片同樣困難。

說到美國疫情的影像及畫面，大家可能會想起赫特島埋葬屍體的高空照片，或是醫院外的冷凍櫃貨車，讓人不禁望而生畏。我們排斥死亡，常常覺得「反正不要在我後花園就可以」，這次疫情某程度就如死神拉起你的眼簾，要你睜開眼看清楚：這還是你能逃避的嗎？

腦 和 肺 的啟示

法醫 Amy Rapkiewicz 為因疫情而死去的人進行解剖，在死者的肺部、腎臟及肝臟，都能找到一些在海量文獻所記載的、有關以往疫情的發現。不過，她卻同時發現有些器官含有一些不應存在的細胞。當她向歷史書尋找答案時，發現一個一九六零年代的病例有相類似的變異，而該病人最後被診斷患有登革熱。登革熱病毒可以摧毀製造血小板的細胞，繼而令體內出血不止。按著 Amy 的觀察，這新型冠狀病毒也有類似的作為，令到不尋常的地方出現血液凝固。

透過解剖 COVID-19 死者的屍體，首先當然是確認病毒會兇狠地攻擊患者的肺部組織。除此之外，不同案例上發現病原體更會出現在其他器官及組織的血管裏面，並且造成

器官裏面的血液凝固。出乎部分病理學家的意料之外，造成腦部缺氧及血液凝固有機會在染疫初期就已經出現。

雖然解剖能夠協助我們重組病症的演變，但由於牽涉到的是前所未有及具高度傳染性的病症，因此必須先保護負責解剖的病理學家，防止病毒傳播。為此，在解剖、處理及摘取器官時，必須要將相關器官放到特製化學液「消毒」數星期，再進行研究及分析。

我經常說，法醫科是為建設未來的科學。而解剖一直以來都為人類提供渠道去認識新的病理，了解到底若干疾病如何奪取人的性命，以及將來可以如何防範。從了解伊波拉到愛滋病，解剖都佔了一席位，相信今次新冠病毒的肺炎亦然，特別當疫苗及藥物依然還沒有完成，解剖就成了去了解病情變化及發展的最重要渠道，希望從中尋找其他的可行治療方式。

非一般 的 亡靈節

每年的十一月一日起一連三日，都是墨西哥的重要節日「亡靈節」。以往在墨西哥市中心都會舉行大巡遊，吸引世界各地的遊客前往觀賞。大家都被色彩斑斕的花朵、擺設，甚至平常覺得恐怖的骷髏骨吸引過來，但這一切卻與節日背後的真正意義愈走愈遠。

傳統來說，亡靈節的每件物件都有獨特含義，例如每家每戶都會設立祭壇，上面會擺放經常見到、俗稱「sugar skull」的骷髏骨頭，糖分代表生命中的甜蜜；色彩鮮豔的萬壽菊（marigolds）的香氣加上檀香味，相傳能吸引亡靈前往；獨有的剪紙藝術可提供管道，引領亡靈到祭壇前，而紙張薄片亦隱喻著脆弱的生命；亡者的麵包「Pan de Muerto」是提供給亡靈的食糧；鹽會按著十字架的形狀灑

上，相信有著淨化亡靈的作用。最重要是在祭壇放上亡者的相片，不然他們不能「走」到祭壇前面。因為相信亡靈都會前來，家裏的人都會聚在一起，憶述先人的故事，或是前往墳場拜祭，就如我們掃墓一樣。

疫情為大家帶來很多痛苦，世界各地很多人因此喪失生命。墨西哥死亡人數同樣眾多，這個原本用來悼念至親的節日就變得異常重要，諷刺地，卻又因為隔離措施而令到平常的過節儀式不能如常舉行。再加上經濟考量，不少當地人決定自行在家設立相對簡約的祭壇，希望在自己能力範圍之內繼續紀念先人，讓他們知道不論時勢有多困難，他們也沒有被遺忘。墨西哥總統亦宣布總統府在亡靈節這三天下半旗，並在府內設立祭壇，悼念因疫情而離世的人。與世界某些地方的官員相比，他好像更明白這些數字背後都是人命的道理。

骨頭與文明

奧運場館 的 骸骨

二零一九年十一月，當東京奧運場館建設準備得如火如荼之際，東京都教育委員會透露在場館建址地底挖出至少187 具骸骨，推斷來自江戶時代。當局進行研究後，推測此位置在一七三二到一九一九年間，曾是日蓮宗立法寺的墓地。

找到的骸骨來自不同年齡層，嬰兒、幼兒到長者都有。在這些骸骨上面都觀察到一些曾經受暴力對待及生活條件不好的痕跡，以當中的年長女性骸骨為例，國立科學博物館專家表示她們的胸口、牙齒周圍曾受猛烈衝擊，身上亦有多處可疑的骨折，與一般從高處跌下或受傷的傷勢分佈有所不同，因而覺得她們曾經出現被虐待或家暴的情況。另外，從小孩的骸骨上看到有蛀牙痕跡，按照專家說法，蛀

牙於當時並不常見，繼而能對他們的生活環境作出推斷，例如衛生還境不太好，飲食上也可能有一些限制。

在墓地遺址找到骸骨並不是新鮮事，即使在香港都曾經因為工程而挖掘到約十副骸骨。這些骨頭及他們出現的地方，自不然令人聯想到一些都市傳聞，而以都市傳聞或故事去嘗試解釋未知現象，其實在歷史上也有不少，其中一個很好的例子是因為對屍體腐化科學不了解，而把不腐化的屍體都與怪事扯上，繼而有「不死族」、「不腐屍」等說法，但事實上，這些可能只是受屍體周邊的環境因素影響。

原來，在東京都內其他奧運工程現場都曾經挖掘到骸骨，共約一千副。每一副骸骨都有獨特的故事，向相隔那麼多年後的我們訴說自己的經歷。慶幸的是日本文化廳在未來的預算當中，增設了人骨收藏庫這個項目。只要能夠好好保存這些研究對象，就可以從當事人的角度去了解他們的生活狀況，猶如一份第一身證人供詞。

傳奇 女武士

於江戶幕府時代的東京，部分階級的女性都要參與軍事訓練，雖然多是練習為主，甚少上戰場，可是其中一個名為中野竹子的女生，後來成為女武士的傳奇。

中野竹子七歲師承會津藩的大師學習薙刀，並於之後開始訓練其他女性。一八六八年，會津藩與新政府的軍隊正式開戰，男士都在戰場上，城內只剩下老弱婦孺。可是在所有人都順利進城前，城門已經關閉，令好多不能進城的女士因為憂慮被敵軍屠殺，於是選擇自我了斷。中野家的女士們也趕不及進城，但她們沒有放棄，中野竹子連同媽媽、僅十六歲的妹妹優子，以及另外二十多名女士組成「會津娘子軍」，並以竹子為首，向藩軍要求上戰場，更向覺得讓女士參戰是會津男兒恥辱的萱野權兵衛說明，如果不讓

她們參軍，她們會就地自殺。萱野權兵衛沒有辦法下，便將她們編入衝鋒隊裏面。

當藩軍與新政府軍隊交鋒時，娘子軍的軍力和新政府軍隊相比，實在差太遠。新政府採用的都是從外國購入的洋槍，娘子軍們卻只有薙刀。雖然如此，她們近身搏鬥的實力也不弱。會津藩軍一共有 5500 人，當中有 660 人是女性，光是竹子自己就解決了 172 名敵人！

但刀始終不及子彈快，在一場搏鬥當中，竹子被槍射中心口應聲倒地。優子隨即趕至，竹子在斷氣前向妹妹要求死後把她的頭顱割下，不要落在敵人手上，優子卻因情緒激動未能一刀斬斷，眼見衝鋒隊要撤退，只好飲恨離開。後來在啟程離開之前，一名士兵趕上，並把一個包裹及一把薙刀遞給優子——原來他冒著被敵軍包圍的危險，替優子及竹子完成了心願，優子亦把頭顱及薙刀帶到寺廟埋好及供奉。

其實很多人都覺得人死後，對自己的身體如何被處理沒有自主權。竹子的做法就是我們現代臨終指示的雛形，而且不只對武士來說是一種榮譽，更是對人的一種尊重。

切腹 與 介錯

中野竹子不想首級落入敵人之手而請妹妹把頭割下。首級，對當時的日本可以說是個人榮辱的一部分，而對於武士來說，最崇高的死亡方式是切腹。

古時日本人相信，靈魂存在於腹部，而切開腹部就可以展示自己的靈魂。切腹實際上是切開腹部自殺，在進行時會產生極大痛苦，令人生不如死，因此他們認為能勇敢地完成這個儀式，可以凸顯武士不怕痛苦，是有尊嚴地貫徹武士道的死亡方式。

在戰國時代到江戶時代初期，切腹者在沒有人協助的情況下，會直接在腹部割開十字形狀，令內臟流出，但真正死因是失血過多。此死法可以很漫長很痛苦，雖然有醫學研

究認為刀鋒在第一次接觸內臟時，人就已經會失去知覺。到後來，因為這方法難度太高，就發展成為有「介錯人」幫助的儀式。切腹者準備好辭世之句後，會揭開身穿的和服，將刀捅進自己的腹部，第一下由左到右地切割，然後稍微向上劃第二刀，讓其腸臟溢出。在第二刀的時候，當介錯人看到切腹者低頭露出頸部時，就會揮刀向切腹者的脖子斬下，但不完全斬斷，稱為「抱首」。

對於被付託作為介錯人的人來說，這是一件極光榮的事。要成為介錯人並不簡單，由於那一刀需要非常精準，他除了要是切腹者的親信之外，更要是劍道高手。後來有些切腹者會以扇子或木刀代替，作為形式上的切腹，而實際上致死的原因是由介錯人斬首而死，稱為「扇子切」。

世界各地文化對於剝奪死者榮辱的方式都不同，而很多都和頭部及靈魂有關。雖然聽起來及研究起來的確很恐怖，但從文化研究角度來說，這些都值得我們尊重及嘗試去理解。

安納塔漢島 女王

三十二個男人、一個女人、兩把槍，困在一個太平洋孤島七年，會發生甚麼事情？

二十一歲的比嘉和子及丈夫比嘉正一，一九四四年被調配到安納塔漢島，管理當地人種植椰子。當時島上還有唯一一個日本人，也就是正一的男上司——日下部正美。由於當時日本在太平洋戰場已經開始衰落，夫婦到島上不久，比嘉正一需要去鄰近的島嶼尋找妹妹，戰局卻突然急變，美軍攻擊安納塔漢島及塞班島，比嘉正一因此一去不返。

數月後，海上漂來了三十一個日本人，相信是船隊的倖存者。雖然島上人口增加，但食物、農具等都不缺，甚至有

足夠資源釀出椰子酒。

可是島上的男士很快就因為小事而產生暴力衝突，並拳腳相向，當中亦相傳他們因為和子而產生紛爭，因此有人提出讓和子與日下部結婚，好讓紛爭停止。時間跳至一九四五年八月，各人無意間在山上發現一架 B-29 轟炸機，並取走飛機裏的降落傘及罐頭，同時將三把槍改裝成兩把完好的手槍。

島上氣氛從此改變——男士間漸漸出現一條信條，有槍的人就可以佔有和子，而佔有和子就是島上男士的最大慾望。和子先後與三人結婚，但男士們內訌不斷，離奇死亡事件不斷上演，最後共十三人離奇死亡，其餘的生還者獲救，送回日本。

這是歷史上一件真實事件，比嘉和子後來說在島上只有兩人被殺，其他都是意外或自然死亡，但到底真實是一個怎麼樣的故事，沒有人知道。有人說，這是因為一個國家盛衰而影響個人命運的傳奇。或許，從島上的一切看來，這也是一個關於權力、慾望及人性的故事。從體制及社會結構來說，也說明了一個地方男女性比例失衡的結果。

幽靈 物語

這裏要和大家講一個日本鬼故：

那年是一八九六年日本大海嘯後一年，一個夏天的晚上，福二在海邊漫步，矇矓之間看到前面有一男一女。福二認得那名女子是他在海嘯中喪命的妻子，於是忍不住呼喚她，她也微笑回頭。同時間，福二看到她旁邊的男子，認得他是妻子的舊情人，同樣喪命於海嘯當中。

妻子開心的告知福二：「我與這位先生結婚了！」

福二忍不住問道：「你不喜歡、不擔心我們的孩子嗎？」她聽罷，就開始哭。

福二視線離開了穿著白袍的二人幾秒，回過神來，就發現他已經消失了。

──這是收錄在日本民俗故事集、柳田國男所著的《遠野物語》的一個都市故事。

日本文化中，對鬼魅的理解一般分為正邪兩種。簡單來說，如果一個人在身後受到家人照顧、有舉辦葬禮，且定時獲拜祭，往生者就能夠平靜地到達後世，可以從陰間看顧在陽間的家人。相反，如果死於非命、枉死甚至孤獨死，這些孤魂就會到陽間尋找方式去滿足自己的慾望。因此很多日本的鬼故事，都帶著佛教教義的色彩。

鏡頭一轉，來到二零一一年海嘯後。故事中的福二的後人已經傳了四代，同樣再次經歷歷史性大海嘯，同樣有家人喪命，並再次於夢境中看到已離世的親人。

可是自二十世紀開始，日本鬼故事在文化及社會的角色，已經從道德倫理角度變成用作展示社會快速轉變而造成的迷失。對超自然的解讀，從以往透過在世者行為去安撫逝者，變成在世者透過看到逝者而找到亂世中的安慰，為他們鉅變後的生活重置秩序。以這次海嘯慘劇為例，常有生還者表示看到罹難的親人，例如在夏天會看到穿著冬天衣物的人在街上遊蕩。這些故事聽來虛幻，但對喪親的人卻

很有共鳴。

對於家屬來說，所謂「現實」遊走在事實與傳說之間，不過，只要讓他們找回存在意義，或透過這種方式得到安慰，即使故事背後是迷信，是傳說，是超自然現象，我們都不用立即抗拒。在動盪不安的時候，為迷惘的人提供寄託及安撫，就是最好的依靠，最正面的支持。

死亡 聖神

在墨西哥，有一個信奉「骷髏骨」的「宗教」。這副受人景仰的骷髏骨被稱為 La Santa Muerte，直譯就是「死亡聖神」。

死亡聖神是個穿著長袍的骷髏骨，一手執鐮刀，一手捧著地球儀。由於其形象是骷髏骨，容易令人望而生畏，因此被視為毒梟的聖神。死亡聖神算是一個本土宗教，數年前被教宗判定是來自地獄的一員，堅決否定她作為聖神的地位，亦有被指是邪教，不過在墨西哥、拉丁美洲及美國，追隨死亡聖神的人數卻不停上升。有人將她視為傳統宗教的昇華，融合了當地西班牙殖民前的民間信仰，亦被視為和平的象徵。

死亡聖神重視生存及享受生命帶給你的成果，主張以生命有限為前提來享受當下，並以不斷提醒信眾「人終須一死」為己任。在拉丁美洲，拒絕談論死亡幾乎是約定俗成的，因此，很多人都因為懼怕死亡聖神的樣貌而討厭她。與傳統宗教比較，死亡聖神沒有上天堂落地獄的概念，亦沒有「好」及「乾淨」的概念，反而以自身死神的形象化成鼓勵信眾珍惜生命的推動力。畢竟，眼前的死亡聖神正代表一切的終結，死亡不再是一個懲罰，反而是令生命多姿多彩的催化劑。

到底為何會衍生出死亡聖神呢？美國人類學家武雅士（Arthur Wolf）表示，其實世界各地也有人按社會的狀態來創造宗教，包括中國。而看看墨西哥的社會狀況，與其說死亡聖神看上來是敬拜死神，倒不如說是以一個比較正面的方式去回應社會因教會及政府造成的不公平，是反映出人民渴望及恐懼的一面鏡。

圖坦卡門 的 傳奇

一九二二年十一月，英國考古學家卡特（Howard Carter）連同他的「米飯班主」、業餘古埃及學愛好者 Carnarvon 爵士，發現了圖坦卡門的墓穴。卡特在他個人的田野筆記詳細記錄他的發現，又急不及待在各個墓室探索一番。可是於數個月後的三月六日，Carnarvon 爵士在墓穴口被蚊子叮了一口，並在一個月後於埃及逝世，巧合的是他的狗也突然在英國長吼一聲後猝死，而卡特及考古團隊後來都相繼因為心臟病或其他原因死去。為人熟悉的《福爾摩斯》作者柯南·道爾在媒體寫道，有理由相信爵士的死是因為中了圖坦卡門詛咒。

撇除神秘的一面，這個考古發現，當時讓全英國以至全世界的人都大為振奮。畢竟，一九一八年的西班牙流感大流

行奪走了上千萬人的性命，整個社會氣氛低落，而圖坦卡門的故事引人入勝，卡特的堅持及強韌力令整個考古之旅克服戰爭影響，也大為振奮人心，因此被喻為戰後重建的心靈雞湯。

在流感大流行之前，全球依然活在第一次世界大戰留下的創傷之中，戰爭令很多年輕男士喪命，破裂了很多不同家庭。這些在戰爭中陣亡的男孩，年紀與圖坦卡門相若，令很多喪失兒子的父母可以藉著圖坦卡門的考古故事，以至這位年輕法老王本身的身世，來哀悼已經離世的親人，把悲傷投射到這位「Boy King」身上。

在那個年頭，經歷了這麼多難過故事之後，難得終於有些消息是每個人不論年紀及國籍都會一同關注及慶賀。圖坦卡門的傳奇不但令現代人為之著迷，更神奇是竟然隨著他的出土，令當時的人也能夠重整旗鼓，找到生活中的力量。圖坦卡門的一生比我們想像的還要神奇及不簡單！

人類文明 的 一面鏡

美國耶魯大學歷史教授 Frank Snowden 指出，疫症可以說是人類文明、價值、行為、基建及倫理觀等的一面鏡。

十四世紀的黑死病，凸顯出其中一個社會弊病，就是人與人之間的關係其實很脆弱：配偶會因為害怕受到傳染而把另一半拋棄，或是父母拋棄兒女，而人們亦會爭相尋找「代罪羔羊」，希望以魔鬼之說從宗教角度找出病源。這種病源永遠出自他者身上的態度，在往後的疫症都看得到。

伊波拉病毒的爆發，最初是由無國界醫生在非洲國家發現。西方國家當時的反應是愛理不理，覺得不會影響到自己。但當時無國界醫生已經意識到有機會造成大規模爆發甚至大流行，於是通報世衛，可是世衛的態度與今次肺炎

的處理手法相若，直到其中一名美國女護士從非洲回國後證實受感染，美國及西方國家才開始進入歇斯底里的狀態。最後西方國家大規模介入，協助非洲國家控制疫情。

在疫症中，不論是黑死病還是伊波拉病毒，仇外心理（xenophobia）都擔當著一個重要的角色。過去數十年，病理學進步了很多，醫學技術也是，但人類的行為又有沒有隨之而進步呢？又，不同的病毒學者都說大流行或疫症是無可避免的，那為甚麼我們都沒有為這逃避不了的一天做準備呢？的確，在二零零三年沙士後的一段短時間，不同研究所都投放了一定資源到相關研究之上，但很快就無以為繼，結果肺炎再次大爆發。

到了今天，疫症還未結束，我們仍在等待病毒消失的一天，但最重要的是，我們要改變一直以來「事不關己，己不勞心」的心態，才能避免重蹈覆轍。

文明 的 開端

許多年前，美國知名人類學家米德（Margaret Mead）被學生問到，甚麼是一個文化中有文明的第一個徵兆。學生預計教授會回答一些有關於考古、瓷器、狩獵、石器，甚至宗教有關的文物。但教授回答的，卻是一塊於考古遺址中發現、來自一萬五千年前曾經受傷並已癒合的股骨（femur）。

股骨是人體最長的骨頭，連接我們的盤骨及膝蓋。在以前沒有現代醫學的社會，股骨骨折需要約六星期才能癒合。

米德教授解釋說，在動物世界裏面，如果受了同樣的傷或相類似的骨折，毫無疑問一定會死，因為一旦有危險靠近時逃跑不了，也不能去找水喝，更沒有辦法去狩獵食物。

這樣受傷後，往往就會成為他人的獵物。

因此這塊曾經骨折但成功癒合的骨頭，是一個很有力的證據，證明有另外一個人曾經用心用精神去陪伴傷者，照顧著他的安危，直到他痊癒。這塊癒合了的股骨，顯示出人與人之間互相照顧的精神。

米德教授說：「幫助別人去渡過難關及困境，就是一個文明開始的時候。永遠不要懷疑一個細小但有心的群體或社區不能改變世界，因為一直以來都是這樣。」（"Helping someone else through difficulty is where civilization start. Never doubt that a small group of thoughtful, committed citizens can't change the world; For, indeed, that's all who ever have."）對周遭的人的關心、關懷及愛，可以藉著微小的行為，從你的心帶到整個社區裏面。

將米德教授的說法套用到處理大流行疫症上，醫護及其他相關人士在前線工作之際，我們周遭的人就可以成為教授所說的那個用心、用精神去陪伴、照顧著受傷者安危的那位同行者。我們每個人都可以成為同行者，並以這個方式，展現人類文明及人性。

*作者按：
雖然寫下這篇文章後不久，部分外國學者們爭論米德教授並無此說，不過當中所帶出的反思已經勝過一切！

骨頭與社會

Sarah's Law

二零零零年的夏天，八歲女童 Sarah Payne 的屍體在失蹤十七天後被發現。

當年的七月一日，Sarah 與兄弟姊妹及父母前往探望祖父母，在家附近的粟米田遊玩時，Sarah 誤入灌木叢及小路裏面，從此消失不見。父母發現後，連同家人朋友一起尋找 Sarah 的蹤影，其中十三歲的哥哥 Luke 報稱在尋找 Sarah 的時候，看到一輛白色小型貨車從小路加速開走。

事發的十七天後，一名農夫在距離 Sarah 消失的地方十五英哩以外的城市，找到 Sarah 的屍體。農夫憶述當時看到正在腐爛的屍體大為驚訝，但他不記得屍體的姿勢，只記得其四肢已經與屍身分離，並且沒有穿著任何衣物。Sarah

在死前成為了性罪行、綁架及暴力行為的受害人，各類鑑識工作亦證實了這點。

在二零零一年十二月，嫌疑犯 Roy Whiting 被定罪，被判終身監禁，至少要囚滿四十年才能申請假釋。

Sarah 死後，其父母在悲痛中連同英國各大媒體，倡議警方以美國的「Megan's Law」為藍本，把每個地方的性罪犯資訊公開給大眾。計劃最終於二零零八年在英國四個地方的警察部門實行，更在二零一零年擴展至四十三個地點。這個計畫最後被稱為「Sarah's Law」。

在計劃之下，任何想關心小孩的人，無論是父母、親戚，或托兒所職員等等，都可以查探其周遭有沒有人有兒童性罪行的相關記錄。在一般情況下，這些資訊都是為兒童至親提供，若是父母有嫌疑的話，就會由監護人負責。

Clare's Law

在通過 Sarah's Law 一年後,英國再以此為藍本倡議了另一條法案──Clare's Law。

這次主角是三十六歲的 Clare Wood,在二零零九年五月被其前度男友 George Appleton 殺害。George 先將 Clare 勒死,再把她的屍體燒掉,企圖毀屍滅跡。George 數天後亦自殺。

George 與 Clare 一起前已有虐打女人的歷史,曾因此三度被關進監獄:因為以刀持脅女性十二小時而被判監禁六年;因為違反禁制令而被判監禁六個月;因性騷擾被判監兩年。但以上這些「黑歷史」,Clare 到離世那天都一直被蒙在鼓裏。Clare 的家人直言,如果 Clare 知道 George 這

些暴力史的話，絕不會答應與之交往，或許悲劇就不會發生。Clare Wood 一案令當地人民意識到警察對家庭暴力的無知，亦令很多人發現自己或許一直暴露於受虐的危機當中。因此，Clare 的父親致力倡議警察提高警覺，並為受虐對象提供相關人物的犯罪史。

理解及處理家庭暴力問題，對英國警方來說不是擅長的一環——其實不只英國，相信世界各地都是。但不擅長不代表不能改進，二零一零年英國為此成立了兩個受法律保護的機構，以保護身處受家暴危機中的人士。能夠防止更多人受害才是治本之道。

無論是 Sarah 還是 Clare's Law，每當我看到這類型的案件甚至法例，都會覺得很矛盾，一方面覺得因一個人的悲劇，令後人甚至全世界的人受惠；另一方面覺得那始終是用人命，甚至不只一條，才能換回來的。到底我們尚要犧牲多少人命，才能讓整個社會更加完善，更加人性化地進步？

黑命攸關

二零二零年五月，美國黑人 George Floyd 在明尼蘇達州被警察所殺。由於當局沒有即時逮捕涉事警察，繼而燃點了全國以至全球的種族平權抗爭「Black lives matter」，至今未息。

一直以來，法醫人類學中很受爭議的其中一個議題，就是家族史推斷（ancestry estimation）。很多人聽到後，都會覺得我們這樣做，不就等於將種族主義變得科學化，或是某程度上承認因為不同種族而導致生理結構有所不同，變相承認及確立上個世紀末倡議的生物性種族主義（Biological Racism）？

事實上，並不是如此。

所謂家族史推斷，是我們在建立骨骸檔案時俗稱「Big4」的最基本四個元素之一。這類家族史推斷，背後原則是因為人在不同社區、地域生活，身體會在世代後出現一些因為環境壓力或氣候引致的改變，而我們在推斷家族史時，就是要觀察這些改變，並藉此推斷有關一個人成長地域之間的關聯，而不是要說哪個種族比另一個種族優秀。因此，我們使用的字眼是「ancestry」而不是「race」──「race」一詞背後有社會建構意味。

從骨頭去推斷骸骨的家族史非常重要，能讓我們了解及評估人與世界上其他人的整體關係。而現代人因為科技發達及交通便利，多了遷移或移居到另一地域的機會，令到推斷的難度上升，並可能在同一骸骨上看到不同地區的人的骸骨特徵。其實這不就是證明人類都是一樣嗎？所謂的不相同，其實都是受一些外在條件影響。

最重要的都不是我們的外在，而是皮膚底下，最真實的內在。

死因 未定

在一份解剖報告裏面，法醫必須為兩個很重要的問題尋找答案：一個是俗稱 COD（cause of death）的死因，另一個是簡稱 MOD（manner of death）的死亡方式。死因顧名思義就是造成死者死亡的原因，那死亡方式呢？和死因有甚麼分別？

死亡方式是指某個傷勢或某個疾病如何導致死者死亡。一般來說，死亡方式有五種：自然死亡（natural）、意外（accident）、自殺（suicide）、他殺（homicide）及未能確定（undetermined），有些情況或國家甚至會有多一個選項：屠殺（genocide）。基本上，除了自然死亡之外，其他都屬於非自然死亡（unnatural death）類別。要推定是哪一種，就必須依賴法醫或死因調查員在檢查屍體時分

析所有創傷、傷勢甚至屍體的變化，看看是否與其中一種死亡方式一致，也因此，在推斷死亡方式時有一個「未能確定」的選項。

換句話說，當法醫及死因調查員選擇「未能確定」這個選項時，就代表經過調查及分析後，認為沒有足夠證據及資料去總結死者是自殺還是有人奪走他的性命，繼而不能為這案件下任何結論，亦代表這案件沒有答案，依然未 close file。導致沒有結論的原因，可以是因為屍體被發現時已經腐爛，令很多直接證據或軟組織已經盡失，又或是從屍體身上找到的傷勢的成因，有至少一處與其他傷勢的成因出現矛盾或有出入，因此不能下任何結論，直到這些疑問都被一一解開。

因此，在處理每一宗案件時，相關人員都必須謹記所有案件都不一定是非黑即白，可以是死因未明或死亡方式未能確定，不能因為想草草了事而妄下定論。即使到了今天，法醫科以至醫學仍有限制，或是囿於技術所限，因此在未有實質證據支持下，承認未知及不確定有時候是最正確的做法。

呈堂 證物

有朋友很認真地問我：「因為法證科學的進步，是不是幾乎不會有分析不到的證物或證據？」

的確，隨著科學進步、技術發達，蒐證及鑑識證物的方式愈來愈多，令我們能夠重組案發過程及經過的可能性及準確度大大提高。例如，現在可以從血濺痕跡上分析兇手動手的角度、傷者受傷的位置及嚴重程度；可以從影片中大約推斷嫌疑犯的身高，以及將其樣貌放在面部辨識系統上配對；亦可以透過動物協助尋找屍體的埋葬地點等等。這些極方便及有效協助調查的工具及技巧，都是透過不同科研團隊的努力所得出的成果。

不過在另一邊廂，其實同時間也令到很多法律界人士開始

質疑法證的可靠，以及其科學理據是否充足，因為大眾已某程度上將法證科及法醫科視為魔法。有不少法律界人士都認為法證科學是藝術多於科學，尤其當中只涉及樣式（pattern）比對，沒有科學理論扎根在背後，因此認為所有的比對都是圖案、形狀等的找不同或找相似遊戲。

事實上，在過去每一年，外國都有一定數量的案件涉及法證科學中的調查員因為個人原因——想提升自己的破案率及入罪率，或自己相信疑犯有罪——而希望透過手上的證據助己一臂之力，後來因為當事人上訴而被揭發。很記得有位教授曾不停提醒我們：「在調查的時候，出錯的不是科學本身，而是分析、詮釋及參與的人。」當法證科學中的「科學」成為配角，人為因素被放大，法證科學往往就此走歪。

的確，法證科學可以協助我們接近真相，但同時亦要認知其限制，承認它不是萬能——現實永遠都不會如電視劇般，一定會找到最關鍵的證據。如果法證或法醫科背後的科學基礎被忽略，成了大家眼中的魔法，就是法證或法醫科容易走進誤判歧途的時候。

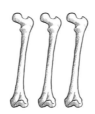

從骨頭感受

從骨頭看生死

紀念品 的 爭議

還記得二零零一年九月十一日晚上,當時剛升上中學的我正準備睡覺,突然聽到爸爸在客廳大叫:「飛機快撞上去世貿了!」我沒有立刻意識到是美國紐約,視野還頗為狹窄的我只想到銅鑼灣的世貿中心。我立刻從洗手間衝出客廳,看到已經被飛機撞上的世貿冒著黑煙。當下除了覺得很像電影情節之外,年幼的我其實未能立即理解到底事態有多嚴重,只記得爸媽立刻說:「糟糕了!剛好是美國的上班時間,傷亡必定慘重。」是次襲擊最後造成 2996 人死亡,超過 6000 人受傷。

十年後,一座新的世貿中心在原本的 Ground Zero 遺址重建,九一一襲擊紀念博物館則在二零一四年開幕。不過,博物館的紀念品店卻引起了不少罹難者家屬不滿。

即使時任總統奧巴馬主持開幕儀式時，形容博物館與 Ground Zero 同是神聖的地方，但店裏售賣的產品被指太商業化，例如紀念手鍊、印有世貿雙子塔的衛衣，甚至有來自紐約市消防局的玩具救火車，這些對罹難者家屬來說都是極為不恰當，猶如在傷口上灑鹽。其中一名罹難者家屬接受訪問時，表明對博物館的紀念品極度不滿，對他來說，Ground Zero 是他兒子的葬身之地，是一個神聖、需要受到大家尊重的地方。

在紀念悲劇的博物館出售紀念品並不是鮮有的事，但多數以資料記錄為主。以同樣位於美國華盛頓的大屠殺紀念博物館（United States Holocaust Museum）為例，紀念品店售賣的多半是書本。該博物館前主席表示，透過紀念品來「紀念」參觀是非常重要，可以協助參觀者延續該次的體驗。

書本或是與該段歷史相關的產品都是好的，不過若然真的變成飾物等產品時，就必須提高對受害人及家屬感受的敏感度，小心挑選。九一一紀念館負責採購衣物類紀念品的職員表示，按照銷售情況來看，這種紀念品其實也有需求，例如短袖襯衣等產品，幾乎等於第一時間到案發現場的救援人員的制服，因此也有著紀念作用。

九一一事件發生已二十年，時間仍在努力地處理家屬的傷

痛。紀念品店的爭議某程度上說明了每個人哀悼至親的方式都不一樣，沒有必然的對與錯，只要心存尊重就是最好的紀念方式。

亡者之糧

每年我都會到塞普路斯工作，地點是一個依然非常「活躍」
的墳場——意指這個墳場雖然差不多爆滿，但依然有很多
葬禮、悼念儀式等進行。每年駐地工作的兩個月，我都會
至少見證兩場葬禮。在墳前，職員會協助家屬放一張長檯
放置葬禮的食品，這些食品最後會分給參加喪禮的親朋戚
友，當中以麵包及一樣名為 kollyva（κόλλυβα）的食物為
主。

Kollyva 被稱為「亡者之糧（food of the dead）」，用煮過
的小麥或不同穀類的混合物及水果籽，加入糖及蜜糖拌
成。在東正教的殯葬儀式中，這些亡者之糧會被祭司進
行祝禱儀式，而在羅馬尼亞，亡者之糧則會用來做俗稱
「Death Cake」的蛋糕。我在墳場工作時曾遇過葬禮儀式

結束，所以都有收過這些亡者之糧。

坦白說，喪禮上的食物都不會以味道為先，以亞馬遜的瓦里（Wari）部落為例，他們會在喪禮上分享及烹調先人的屍體——他們不是不覺得嘔心，也會一邊吃一邊吐，但吐完再吃，因為他們覺得這樣做，先人才會成為身體的一部分，把先人的本質保留下來，反而將屍體長埋在地下，才是對先人不敬及不尊重。

以我們的本地文化為例，一般辦完白事的儀式後也會食「解穢酒」，通常以齋菜為主，肉類較少，至少一定不會吃牛肉及馬肉，因為相信先人需要受牛頭馬面照顧，故此不能吃掉他們的朋友。而且吃的時候都會先食糖水，象徵親友抹去悲傷，把福蔭留給子孫。

將食物連結死亡，可以說是非常普遍，尤其在多個文化中都會用到穀物，有著重生及生命循環的兩個象徵意義。當我們提倡生活習慣及殯葬儀式都應隨著時代轉變而慢慢化繁為簡，甚至化整為零的時候，食物就是其中一樣依然保留下來的重要環節。食物，在死亡面前，成為生者與亡者的重要連結；食物，也是連接世界的一道橋樑，不論是在悼念或慶祝的情境。

當然，在悲傷的情況下，相信也沒有人會特別記得或在意

食物的味道，甚至吃過甚麼都沒有印象。不過，無論像我們圍起來一起食飯，還是像塞浦路斯一樣把亡者的祝福送給周邊的人，當中透過食物而建立的記憶及安慰依然存在。在失去至親的當下，食物把整個群體、整個家族拉近，讓大家互相支持，一起渡過悲傷、難過的歲月。

怪物

死亡，一直以來都是音樂及藝術創作經常出現的題材之一，畢竟每個人都會經歷到死亡，特別是身邊至親摯愛離世。很多音樂人都會透過創作，勇敢地、毫無保留地訴說自身正在經歷的情緒變化，而不會沉默地獨個掙扎，英國著名唱作音樂人 James Blunt 的歌 *Monsters* 就是例子。

James 的爸爸 Charles 診斷出慢性腎衰竭（Chronic Kidney Disease，CKD）第四期，令他感受很深，尤其是爸爸患病的時候，自己卻要進行巡迴演出，需要離家十八個月，沒有辦法經常探望。這些經歷令 James 突然覺悟到，與父親餘下能夠相處的時光原來已沒有太多了。因此，他寫下 *Monsters*，並且邀請爸爸擔任 MV 主角，而這首歌就是他盡訴心中情的一個渠道。

James 在訪問提到，作為英國人，他們父子倆很少會坐下來講講感受，但當發現時間不多時，卻發現自己還是有些話想對爸爸說。James 憶起製作完成後，他領爸爸到房間，為他插上耳機，讓他仔細聆聽自己的話語。James 爸爸聽後說了一句：「很真實（so true）。」後來也看了 MV，笑說拍得自己不好看。可是對 James 來說，這 MV 是最完美的，因為爸爸能夠「永生」，以影像方式繼續留在這個世界上。

不是每個人都善於將感受化成話語，但每個人也可以透過自己的方式，向至親摯愛表達情感，而這已經很了不起。只要我們不忘，摯愛就會在這個世界上以另一個方式一直存在。

—— *Monsters* 歌詞節錄 ——

I'm not your son, you're not my father

We're just two grown men saying goodbye

No need to forgive, no need to forget

I know your mistakes and you know mine

And while you're sleeping I'll try to make you proud

So, daddy, won't you just close your eyes?

Don't be afraid, it's my turn

To chase the monsters away

預備遺照的 意義

每個人都有一張相，用到的時間比其他照片來得長。矛盾的是，我們很少主動去拍這張相，一般都是按家人意思而選擇。

這張相就是俗稱「死人相」的遺照。

我們的文化對死亡很避忌，幾乎沒有人願意主動提及有關死亡的任何事，即使簡單如選擇遺照，都因為我們不想談，結果這張小小照片，也令準備後事的至親相當頭痛。

在韓國，遺照有三重象徵意義，分別表達你是誰、你覺得你自己是誰，以及你想其他人記得怎樣的你。有見及此，居於美國的韓裔專業攝影師 Juliana Sohn 就利用自己的攝

影技術，開始一個為年長人士拍攝遺照的計劃。Juliana 發現老人家在看著鏡子時，看到的往往不是其他人看他們的樣子，而是記住了自己以前甚至年輕時的模樣，也就是個人的經歷會影響他們現今的樣貌，以及他們如何呈現自己。

比利時的「Your Last Shot」是同類型的攝影計劃。攝影師 Frieke 最初有這個想法，是因為他思考家屬為亡者選擇遺照時，不知道亡者會認可嗎？於是他想到使用二十世紀的婚禮相片風格來拍攝遺照，因為呈現出來的感覺總是安詳、無畏及溫柔。

不同文化及宗教都會用各類型藝術表達死亡，無論是哪樣，背後的理念都是「勿忘你終有一死（memento mori）」，讓大家謹記生命是有限的。Juliana 說在韓國，在生時去拍遺照幾乎是一種責任，也可提醒自己活著有多可貴。她這幾年遊走韓國和美國，拍攝了差不多一百多張遺照，想儘量保留照片主人的真實樣貌，同時亦會以軟件突出他的特質。對 Juliana 來說，計劃也讓她深入了解自己的根，拉近和家中長輩的距離，例如她明白到當初韓國因為基督教傳入而禁止使用敬拜祖先的牌匾，才取而代之採用相片來紀念先人。

生與死不僅是「遺留」和「失去」的單向關係，這個無可

避免的事實其實也是雙向的。不論在西方或東方，大家對死亡依然有很深的負面印象，但透過攝影這藝術，不但可以為年長人士準備人生最後一件大事，更重要是對相中人來說，相片的風格呈現了他對死亡的態度，以及他希望後世如何記住他。

以一張別有意義的肖像來記錄及總括自己一生，絕對是非常可貴及值得分享的事。

裝著骨灰的　菲林筒

之前到克羅地亞，順道參觀了首都薩格勒布（Zagreb）有名的失戀博物館（Museum of Broken Relationships）。博物館內的藏品都是由世界各地有心人捐贈，物件背後是一個個故事——雖說失戀，但不只與愛情相關，有些是親人離開、物件主人因病要告別舊時自己、因為戰爭而要與兒時玩伴分開的故事等等。令我印象深刻的故事有幾個，其中一個與骨灰有關。

藏品是一個菲林筒，主人是一對夫妻。他在十九歲時不幸喪偶，後來遇上作為另一個敘事者的她。他們連同她原有的一個兒子，很快就組成四小口的家庭。他沒有說出到底經歷過甚麼意外，但一共花了十年時間才痊癒。這些日子當然不易過，但他們最後都捱過來。

他們結婚三十三年，直到一天，他被確診癌症，從確診到離世間只有短短四個月時間。她說，他死前講過「要過一個充滿愛的人生」，希望死後將自己的骨灰放在相機菲林筒送給朋友，讓朋友帶他到世界每一個角落。她將這個菲林筒送給博物館前，已經與他的骨灰一同旅行五個月了。她在故事的最後寫了一首詩：

你的骨灰是苦澀
在我的舌頭上，但是甜的
以泥土的語言來說。

故事看上去好像很普通、很老掉牙，但帶出的道理卻很強很鮮明。而贈送物品到博物館其實就像一個儀式，讓當事人認真面對及處理有關失去的情緒。

世界上有各式各樣的儀式：畢業典禮、結婚典禮、喪禮、告別式等等，但在這些儀式背後，社會幾乎不給我們空間去審視任何形式的情感上的死亡，無論是因為戰爭或人禍而被迫分離的難過，還是因為親友離世的悲傷之情。

正因為情緒上的需要不被正視，因生活突變而造成的精神及情緒創傷其實沒有好好被治療。失戀博物館於是成為心靈治療的渠道，讓有需要重新振作的人正視過去及現在，正視曾經經歷的情緒和事件。博物館成為一個舞台，讓物

件及其背後的故事綻放。這個處理情緒的方式其實可以套用到生死教育：在生時，為自己的終點設定好最後演出的舞台，不只為自己做好準備，同時也能讓家屬有更多空間去正視自己的心靈狀況。

生花 祭壇

日本國寶級女演員樹木希林於二零一八年九月十五日因癌症離世，並於九月三十日設靈。

如果有看過傳媒報道，必定對其靈堂佈置留下印象。遺照前面是一片花海，不同綻放程度的白色花朵整齊有序地擺放，拼湊成象徵堅強的白色巨浪，相當壯觀。花海面前是魚貫而入的家人、影視朋友及支持者，來與樹木希林作最後道別。

這種以花來佈置的日式祭壇名為「生花祭壇」，只要在網上簡單搜索一下，會發現很多不同類型的設計，大多都是非常壯觀，甚至連樹木希林的海浪設計也會顯得樸實無華。

生花祭壇一般以海浪及山為題，由於兩者代表力量及堅強，因此以前都是用在男士的祭壇上。以前的生花祭壇只能用菊花作為佈置，到今天，光是樹木希林的祭壇佈置，就用了大約一千二百朵菊花、蘭花及滿天星，而以白花為主的限制，亦隨著時代變遷而慢慢消失。

聽上去，生花祭壇這種殯葬文化好像經歷了很長的時代演變，事實上，它只於三十年前誕生於京都。有專門研究日本殯葬文化的學者訪問家屬，以及有思考自己後事的人，很多都說他們喜歡這種設計，除了看上去比較有生氣、天然及漂亮之外，更重要是透過生花祭壇，令他們覺得在喪禮上有自主權。

一直以來，日本的喪禮都是按照宗教教義安排，美學考慮可能頂多在有關服飾上看到，而與其說是美學，倒不如說是否達到既定標準。相反，生花祭壇透過在空間上的運用及佈置兩者配合，對改變喪禮的一貫印象有著微妙作用。

日本對於死亡及一切有關的習俗，跟我們一樣都是非常沉默，但透過當代喪禮文化的細節，無論是祭壇設計、顏色主題，甚至是播放的音樂等，可以將家屬及亡者意願帶到喪禮上。當然，直接講述有關死亡的事情依然是忌諱，但可以感受到將美學帶入喪禮，是當地殯儀產業嘗試在保持專業操守、商業動機及尊重亡者三方面之間搭橋。

殯儀行業與其他行業不一樣，不只提供既定的服務，更要在殯儀服務之上兼顧每個家屬及亡者的需要，以亡者及家屬的意願和感受為先。生花祭壇的出現，提示我們就算在受信仰所限的殯儀服務面前，只要清楚自己的自主權，也可以找到個人及家屬滿意的「好死（good death）」安排。

回憶的 小盒子

小時候，曾經很想擁有一個外表看上來是書，裏面是可以收藏小東西又可以鎖上的小盒子，覺得這些盒子看上來很普通，裏面的東西卻非常私人。沒想到，這些盒子也因「土地問題」而被應用到殯葬層面。

人死後的土地問題不是香港獨有，部分地區因為宗教關係只能採用土葬，令問題甚至更嚴重，不過就算是盛行火葬的地區，骨灰擺放的空間也愈來愈少。有些地方的政府因此大力推行綠色殯葬，可是未見普及，畢竟很多人還是覺得死後無一安身之所，對先人來說好像不太尊重。

南韓就因此興建了新型的骨灰場，外觀像新式住宅的高樓，共有十二座，似是個屋苑——像屋苑的印象也不完全

錯，只是住的是已經離世的親人。這些高樓的特別之處在於每一個樓層都放滿大大的書櫃，猶如圖書館，給人溫暖及舒服的感覺。書櫃上都放滿了厚厚的「書本」，書面及書底用皮加工處理，恍如一本本巨著，而書本裏面其實是個盒子，也就是骨灰盒，每位先人都有兩個，一個放置骨灰，一個放置遺物。兩本「書」均有鎖讓家屬鎖上，讓他們隨時來探訪先人。

「每一個人的一生就如一本書」，這句話顯示每一個人都有其獨特性，因此以書作為亡者的最後一站，實在是貼切不過。大樓還有一家免費的咖啡廳，讓來訪的家屬可以坐下來慢慢喝杯茶，按照自己的腳步去感受、回味與先人分享過的一切。這個不一樣的骨灰盒大樓，給人的感覺特別舒服、有溫度，除了協助先人找到安身之所，也比其他南韓甚至香港現有的骨灰盒場，更關心到來的家屬的心情及感受。

哀悼，是一件很個人的事情，每個人悼念至親的方式都不一樣。遺憾地，現代社會主張處理死亡必須是件專業的事，從而演變成「流水式」或標準化的作業及程序。這座新型骨灰大樓的出現，證明土地問題與維持文化習俗並無衝突，反而能借助貼心的設計讓人感受到當中的人性，為卸下對死亡的恐懼出一分力。

墓室內的 象形文字

古埃及的考古挖掘沒有因肺炎疫情而停頓，就在二零二零年的十一月初再次宣佈有多具木乃伊出土，當中每具木乃伊都完整無缺，連石棺上面的彩繪及象形文字等都依然清晰可見，對於我們去研究古埃及歷史及其墓葬文化非常有幫助。

在石棺及墓室的牆壁，一般都不難找到古埃及的象形文字，都是以前的祭司為了協助逝者可以在死後世界重生而寫畫。石棺上的文字出自古埃及的《死亡之書》（*The Book of the Dead*），因人死後都必須經過審判，去判斷生前有否作惡而不值得永生，而石棺上的經文就是希望避免出現這個結果的「秘技」，希望透過經文，令冥王歐西里斯（Osiris）改寫靈魂的命運。

至於墓壁的壁畫及象形文字，一直以來都被認為是記載著墓室主人的一生，但當考古學家及生物考古學家把文字記錄與墓室裏面的骸骨對比起來，有時候卻會發現兩者並不一致，甚至骸骨呈現的面貌與墓室裏面的象形文字完全相反。考古學家認為，壁畫可能是一種理想化的投射，希望以後的人可以一個比較好的面向記住亡者，甚至希望以後的人忘記亡者生前悲慘的一面。

不同的喪禮上，致辭或紀念詞都是向大家送上先人最美好、最值得紀念的一面，與古埃及墓室裏面的象形文字的概念都一樣，可能這些都只是他們的夢想，不是他們最真實的人生。無論是甚麼年代、甚麼地方的人其實都一樣，有時候看到的都只是片面的感受及片段，現實是當你看到這些人，就會發現其實跟我們經歷很不同，卻亦很雷同，這才是真實的一面。

獅子王的　生死教育課

我很喜歡看音樂劇，而眾多音樂劇當中，我最喜歡的必定有《獅子王》的份，每次觀看都可以讓我哭成淚人！即使早已熟知故事情節，但每次觀看都會讓我有新的感悟與體會。

當中最喜歡的是第一幕，木法沙（Mufasa）帶兒子辛巴（Simba）在榮耀之石觀看整個非洲大草原，向辛巴訴說只要陽光照到的地方，都將會屬於辛巴將來統治的王國。辛巴同時看到附近有禿鷹在空中盤旋，就向爸爸提出，請他把禿鷹趕走及處理掉。木法沙藉此機會教育辛巴並不需要這樣，他說：「我們死後，我們的身體成為草，動物以草為食糧。因此我們都是以生命之輪連結起來。」他要辛巴明白，地球上的生命不是只往前而已，而是一個圓、一

個循環，所有事物都是環環相扣，以一個巧妙且脆弱的平衡維持著，而我們作為地上的一員，有責任協助維持這平衡。

另一幕令我動容的，是他們父子倆晚上在草原上的一堂生死教育課。當辛巴問木法沙是否永遠都會與他在一起時，木法沙請辛巴一起凝望星空，說這些在夜空上一閃一閃的，都是先祖們在天空上遠遠地凝望著、守護著我們。他們一直都活在我們裏面，一直在陪我們並肩走，讓我們變得強大。

看著音樂劇裏設計的非洲大草原，現實中的大自然卻不斷受破壞，更感木法沙講述的「平衡」特別諷刺。主題曲 *Circle of Life* 好像在表達我們在獅子王面前，甘願讓自己變回小孩，有著簡單美好的想像，並透過我們對故事的體會及感悟，尋找在這個紛擾現實世界生存下去的勇氣。

從骨頭看人類

墜落的人

二零零一年九月十二日，全球很多報章及媒體都刊登了一張令人難以忘記的照片：背景是對稱的紐約世貿中心，一名男子頭向地腳向天，雙手悠然放在兩側，自由落體，其中一直腳彎曲。男子的姿勢，讓人感覺平靜，同時，眾人卻深知這是一張在甚麼背景下攝得的照片，因此大感衝擊。

攝影師 Richard Drew 是在當天早上約九時四十一分攝得這張照片，他一共用了十二張混亂的連拍，記錄了男子人生中的最後十秒。事實上，在他拍攝之前，已經陸續見到有人從已經被撞的世貿中心躍下，他們最後均被稱為「跳躍者（jumper）」。

整個九一一事件中約有二百名跳躍者，可是不少人都對這些照片感到反感、不安，特別是這張被命名為《墜落的人（*The Falling Man*）》的照片，因此這張照片自此消失於媒體，亦成為唯一一張公開刊登過的有關圖片。

有人覺得反感，原因是認為這些跳躍者自願放棄生命，與他們的信仰及印象中的家人的印象不符合。可是紐約殮房的法醫到最後沒有把這些跳躍者的死亡方式判斷為自殺，原因是覺得他們是被迫選擇這條路，只能從被煙嗆死、被火燒死，以及高處墮下致死三種死法中選一種，與自殺的定義有所出入，並不是自行放棄生存機會而選擇死亡。

相片中那名男子的身分到今天依然未明，查探多年後，暫時懷疑是世貿中心 106 層餐廳裏工作的音響工程師。他的家人表示他患有哮喘，當時濃煙密佈的環境，對他來說肯定是折磨，相信他絕對會為了一口新鮮空氣而往天空衝。或許，對他們來說這已是當刻唯一可以控制的東西；又或許，他們不是選擇死亡，而是選擇飛翔。

《墜落的人》於歷史上留下一個不可磨滅的痕跡。照片主角那種令人不安的平靜、「悠然自得」、世貿大廈不自然的對稱，以至看照片時聯想到主角作出的決定，一切都令人震撼無比。九一一事件是這個時代中最重大的災難之一，而在千千萬萬張照片中，唯獨這張不見血腥的照片，

卻填滿了事件脈絡，向觀眾們訴說著叩心泣血的悲劇。縱使照片受到各界質疑其拍攝道德，但這麼多年後，照片也成了墜落的人的衣冠塚，令他們生命最後一刻的逼不得已，不至於掉進歷史的空隙，並見證著這二百名遇難者擁有過的生命。

托爾斯泰 之 死

一九一零年十月二十八日晚上，蘇菲亞伯爵（Countess Sophia Berss）發現她的丈夫、俄國知名作家托爾斯泰（Lev Nikolayevich Tolstoy）在房間裏不停踱步。他告訴太太他吃了些藥，並請她鎖上門，自己回去睡覺，誰料翌日早上發現托爾斯泰已經執拾細軟離開了。

隨行的有托爾斯泰的醫生，他們坐上火車的三等座出發。離開前，托爾斯泰給妻子留下一封信，寫道：「不要找我！我覺得我要從這煩擾的生活退下來，不同的訪客、賓客等都在荼毒我的生命及生活。我想從這一切恢復過來，對我生活在地球上八十二年的身體及靈魂來說是非常重要。」

一八九零年代，托爾斯泰正重新翻譯及理解俄羅斯東正教

裏面的《新約福音》，決定要脫離一切凡俗的綑綁，包括肉體、自我、財富甚至與妻子的關係，然後平靜地迎接死亡。這一切對蘇菲亞伯爵來說很突然，特別是他們已經結婚四十八年，並育有十三名子女。

托爾斯泰想獨自面對死亡，但作為公眾人物的他，在火車旅途上的一舉一動被記者成功追蹤，連他在途中前往探望已經成為修女的姊妹都被公開。他在離開莫斯科兩個禮拜後就病倒，亦因為有媒體追蹤的關係，他的妻子很快就趕到。不過托爾斯泰病榻旁還有一大班記者，蘇菲亞伯爵不能陪伴在丈夫身邊，直到死前最後時刻，與托爾斯泰幻想的平靜離世完全相反。

在以前資訊沒有那麼發達的時代，媒體的報道是資訊流通的唯一方法，不過，即使時代變遷，背後有些概念還是不變，包括媒體的責任。因為媒體渲染，有些令人痛心的事成為大家茶餘飯後的話題，不知不覺變成公眾娛樂的一種。大眾都緊湊地追看案件發展，變相令有關案件的消息成為熱銷的商品，大家都在消費著悲劇。更可悲的是，大家背後關心的似乎不是正義，也不是受害人的公義，更不是對家屬的體恤及體諒，只想滿足一己想要娛樂的慾望。

托爾斯泰視死亡為自己過去數十年靈魂修養的一個延伸，離開是為了尋找一個舒適的方式告別人世，卻不被大眾尊

重。到底，一個人有關自己的死亡的決定，如何才會被尊重？

病 人

很多人都知道我即使在公餘時間，看的很多都是驚悚及推理小說，而我最喜歡的一個作家是來自德國的費策克（Sebastian Fitzek）。費策克在德國研讀法律和獸醫，隨後更成為專利法博士，到目前為止已經發表了超過十九本著作。他的作品很少直接描寫殘酷畫面或血腥殺戮，而是善於營造驚悚氣氛，讓讀者能夠迅速按自己的想像自行代入，彷彿親歷其境。

他的最新著作《病人》（Der Insasse）是一個很特別的故事，講述消防隊員提爾欲查探兒子的下落與失蹤真相，並從媒體得知殺死兒子的兇手被送到精神病院，於是他在別人幫忙及協助下偽裝成精神病人，混入醫院，希望可以接近兇手，企圖找尋真相以及兒子的屍首，不料竟發現醫院

裏面的非法勾當及陰謀，更把自己置於生死之間的困境。更驚嚇的是，在如斯絕境求生時，種種跡象都顯示他並不是消防員提爾，甚至妻子都拒絕承認他的身分⋯⋯

結局是怎樣，我先賣個關子。作為三個小孩父親的費策克，常常在作品裏寫到涉及虐兒的題材，某程度上把自己潛意識最深處的恐懼透過故事表達出來。他除了覺得這個題材震撼之外，更認為邪惡與善良其實只是一線之隔。

讀哲學時讀到有句引言：「歷史都是哲理的範例。」或許對於各類暴行，我們因為日常生活節奏急速，較少去思考它背後的千萬種可能及原因，而透過這些劇情震撼的故事，我們就可以動一下腦筋。不過，正如費策克自己說，這些故事都是「家庭故事」，或許這些暴力、不人道事情的確正在我們周邊發生。利用小說去思考社會問題，未嘗不是一個好開始。

殺人犯「熱潮」

一九八九年的一月二十四日，美國佛羅里達州的監獄圍牆外，一大早就聚集了不同年紀的群眾，當中不乏小販販賣紀念品。這些人之所以聚集於此，都在等一個消息。沒多久，消息便傳來：「Ted Bundy 已經被電椅電死了！」群眾聽後不停歡呼拍手。

Ted Bundy 是活躍於一九七四到一九七八年的連環殺手，一共殺害了約三十到三十七名年輕女性，其中一名更只有十二歲。在所有受害人中，只有約二十人的身分被確認，另外有五名生還者，其餘的依然下落不明。

這個被稱為美國史上其中一個最重要亦最邪惡的連環殺手之一，在二零一九年得到的注目度依然不減。以 Ted

Bundy 事跡為靈感的電影更成為辛丹斯電影節開幕電影之一，網上串流平台 Netflix 亦推出有關他的紀錄片，以他在囚時與記者會談一百個小時的錄音為藍本，分成四集講述有關案件。電影及紀錄片分別在社交媒體引起了極大迴響，更出現了一個意想不到的現象：很多年輕觀眾對這個殺手產生了好感及情愫，甚至對他為之著迷。

社會因此出現評論，認為有關電影不應該由英俊的男星主演，認為這會令到影迷和年輕觀眾對這個美國史上的大惡人產生好感。但其實如果對 Ted 的事跡有認知的話，就會知道這個擔心是多餘的，因為根本不算是新鮮事。早在 Ted 在囚時，他已不斷收到支持者的來信甚至情信，即使在他死後，互聯網出現，他依然被視為「傳奇」人物。對這些 Ted 的「忠實支持者」來說，他其實跟電視明星沒有分別。

作為犯罪劇及紀錄片喜愛者，我倒想看一看，並嘗試理解這幾個小時的紀錄片背後到底想帶出甚麼訊息，看看經過這麼多年後，大眾媒體是怎樣呈現這些惡行，並因此吸引了新一群支持者，製作人是否責無旁貸？還是這些電影、電視劇令我們反思，我們應該如何處理社會及歷史上的惡人這類話題？過了這麼多年後，社會上是否已有空間去討論有關事件？

很多 Ted 的支持者都說他的所作所為被「誤解」了，這點我不予置評。不過，如果為了防止神化犯罪者而禁止這類題材，或是將受害者「擺上檯」而誤導觀眾，令他們不能客觀理解事件，這類型的紀錄片、電影甚至資訊就是不值得看。

殺小孩 的 體制

我自虐地看了一套讓人心碎、心痛及憤怒的紀錄片。說「自虐」是因為自工作以來，與小孩有關的案件一直是我的弱點，而這套紀錄片不僅直中我的要害，更是一樁社會悲劇，完美展現了我們生活的體制如何殺死一個小孩。

七歲的 Gabriel 很可愛，但他媽媽從知道懷孕一刻開始就不想要他，誕下兒子後更將他直送外公家，一直由舅舅等人照顧。後來因為福利津貼的關係，媽媽及其男友接 Gabriel 回家。八個月間，Gabriel 每一天都活在恐懼當中，每天被不同類型的工具對付，母親及其男友更會準備一個木箱，以 Gabriel 是同性戀這荒唐的指控懲罰兒子時，就會把他困在裏面。雖然如此，Gabriel 心底依然相信及愛著媽媽，甚至直到他死前的一個星期左右，因為母親節來

臨，他在學校準備母親節禮物，依然寫上句句「媽媽，我愛你」。我想直到 Gabriel 死之前，他都依然不明白，自己已很努力成為媽媽眼中的乖小孩，為何媽媽及她男友仍然不斷傷害自己？

這部 *The Trials of Gabriel Fernanadez* 沒有展示很多血腥照片，Gabriel 被虐的傷勢只用簡單文字帶過，但單是情節已非常震撼，例如調查員在媽媽房間發現那個 Gabriel 渡過每天晚上的地方時，又例如法醫發現 Gabriel 胃裏面的殘渣全都是貓砂……這些加起來，明顯是忽視兒童及虐兒，為甚麼制度發現不了？那是因為制度視而不見。事實上，Gabriel 曾經作出呼喊卻被忽視，一而再再而三被送回母親的掌控中，因此令不同的社福機構失去拯救 Gabriel 的機會，令他掉進體制的空隙之中。

保護小孩就必須要聆聽小孩，而不是只從成年人口中聽取片面之辭。Gabriel 是一個很聰明的小孩，除了向日常接觸而又信任的人求助，甚至曾向只有一面之緣的社會福利署保安暗地求救。當我們處理這類型暴力事件，調查過程絕不能單純地「剔格仔」填表格，機械化地處理就覺得可以，更需要的是一場心對心的對話。諷刺地，當 Gabriel 終於得到公義後，同一社區卻又再出現翻版案例。

到底，我們甚麼時候才能學會？

白鴿 與 氣球

網上串流平台 Netflix 有套名為 *The Casketeers* 的紀錄片，
紀錄位於紐西蘭一家由毛利人（Mori）夫婦經營的殯儀館
的日常生活大小事。

影片的可貴之處，在於可以讓觀眾如我接觸到太平洋島嶼
及小國的毛利族群的喪禮、殯葬儀式及文化。故事很平凡，
卻也很不平凡 —— 平凡在於人物就如你我平常會遇到的、
聽過的，如因意外摔倒的媽媽、長期病患的老師、因交通
意外而喪命的男子；不平凡則在於縱使如此，每個人的故
事所帶出的道理都有所不同，讓觀眾甚至經營殯儀館的
那對夫婦，都可以不停從工作中對生命及死亡有不同的體
會。

紀錄片系列後來推出第二季，在合共八集中，最讓我難過與哀傷的是一個九歲男孩的故事。小男孩死因是癲癇發作，負責喪禮的禮儀師特別難過，原因是他兩年前曾為這名男孩的雙胞胎兄弟主持葬禮，而他的死因同樣是癲癇發作。按照禮儀師憶述，小男孩在兄弟的葬禮上有著禮儀師的陪伴，兩人在這個家庭的難過時刻之下，成為了朋友。因此對禮儀師來說，要為這個家庭在這麼短時間內服務兩次，而對象是雙胞胎的另一半，尤其心碎。

男孩下葬於他雙胞胎兄弟長眠的墳場，兩人的墓地就在大家對面，腳板對著腳板，猶如對著睡一樣。從另一個角度看，這對雙胞胎算是團聚了。這可能很不科學，但我覺得雙胞胎某程度上是共有一個靈魂一個心，當一半消失了，迷途了，另一半就會努力去尋找。

面對小孩子屍體，對我來說是挑戰。縱有萬般不願意，由於專業的關係也要保持理智，但每次過後的情緒海嘯都很猛烈。看到小孩離世，那種心痛都是直接切到心坎裏，特別是看到小孩子父母親的反應，我只能把一切收到心裏及眼底，並且對現在依然擁有的感恩。

小男孩的喪禮以放白鴿及氣球作結，恍如訴說死亡必然是難過及傷心的，但無論誰曾存在，誰已離開，我們都應該對他、她或牠充滿感謝，感謝他們出現過在我們的生命裏。

「殺人者的 記憶法」

連續殺人犯，是一個不陌生的犯罪寫作題材；阿茲海默症（俗稱腦退化症），也不是一種罕見的疾病——如果碰著一個患有阿茲海默症的連續殺人犯呢？

我最近讀到的小說，主角就是這樣的一個連環殺手。他說人類是關在名為時間的監獄裏的囚犯，而不停喪失記憶的挫敗感就是囚室一直壓逼過來的牆，罹患阿茲海默症的人就是困在這個監獄裏的囚犯，直到最後不能呼吸，受壓而死。牆壁收窄的速度不會減慢也不會停止，更不能逆轉。

我很喜歡書裏的一個比喻：故事主人翁說「惡」好比一道彩虹，明明就在這裏，但當你要接觸它，卻發現是不可能的。「惡」是一個極致，是人生一個驚悚真相，只能夠接

近而不能觸碰。佛家《般若心經》講到「空」的概念，就是引導我們從痛苦中被拯救，找尋平安的力量，豈料卻成為他殺人的動力。另一方面，阿茲海默症卻慢慢將他想保護的「豐功偉業」、滿足感都被迫遺忘。當對「惡」的渴望成為唯一寄託，就等同掉進無底深潭，成為單純追逐的一頭猛獸……

一個人一生經歷的善惡、因緣、因果、秘密，都牢牢記在我們的記憶裏。對於有秘密的人來說，阿茲海默症就是一種折騰。一個殺人犯將所有往事都一一遺忘，在這個情況之下，這個殺人犯是否已經贖了罪？當他對自己的過去一點頭緒都沒有，對殺過的人沒有任何印象的時候，他還算有罪嗎？重點是思考這個兩個問題時，你有沒有審視自己是站在哪種道德之地？

作者金英夏在書末留下這句話：「唯有出生的才會死，誕生是欠死亡的債。」有評論覺得這本小說如果有性別的話，必然是個男性，因為當中展示的韌性很強大。從主人翁的經歷看來，他是一個懂得對現實中的恐怖、驚悚、難過一笑置之的堅強男孩。可是當失去這種豁然而笑的能力，覺得自己要輸了的一刻，就是這個世界吞噬你的開始，而這種恐怖，或許就是故事要帶出的道理。這看似是笑話，卻有著嚴肅的課題。

引用蒙田《隨筆集》:「我們因為憂慮死亡,而將生命搞砸;因為擔憂生命,而將死亡破壞。」這個債每個人都要用一輩子來還,如何還就是看自己的態度。

從死亡 感受 生命

記得我中學時捐了人生第一次血。幫助我的那位紅十字會職員在差不多捐完時，問了我一句，「你要不要拿一下你那包血，感受一下？」我其實一直都覺得捐血沒甚麼特別，直到他將那包剛從我身上新鮮抽出來的血交給我，我當下竟然感動得快哭了！這包暖暖的血，讓我感受到自己確確實實是一個有血有肉的人。這種觸電式的震撼，之後一直都沒感受過，直到我在殮房辨認骨骸及挖掘墳墓時，才再次有這種全身神經被喚醒的感覺，當下感覺血液都在流動，感受到未來的無數可能。

曾經有位法醫人類學家說道，「當面前的腐屍是你的最愛時，腐爛的氣味其實也不是太難聞（"The smell of a decomposing body isn't that bad when it's someone you love." ）」

死亡，是一件既科學又藝術的事，而死亡跟你的關係終究
是非常個人的。常常聽到：「我很怕想像任何有關我身體
腐化的事情，我不想死，我覺得恐怖。我想永遠活下去，
你說多好啊！」死亡聽起來是黑暗的，它摧毀了我們珍惜
的生命，可是這想法是錯的。其實死亡也啟發了人類的創
造力，無論是中世紀以死亡為題材的油畫及藝術作品，以
至各類型的文學作品、各思想家和哲學家的偉論，以及科
學方面的現代醫學及醫學研究等，都是死亡給人類的靈
感。

在赫曼赫塞的小說《流浪者之歌》裏，一名婆羅門青年來
到印度恆河邊，正好看到有印度人燒屍體。當下，他覺得
整個世界都不如他想像的完美，自己一直在生活的那個泡
沫突然被戳破了。畫面好像很負面，但這個殘酷事實在他
身上的作用卻是正面的 —— 他感受到人的無奈與渺小，幫
助了他以後的修行。

從死看生，以生命感受生命，大概也是這個意思吧！

花火

每個人的一生，就如漆黑夜空的花火一樣，絢麗綻放後不久就失落，連留下的炸藥痕跡都消失得一乾二淨。可是看到花火的一剎那，明知道抓不住，卻又忍不住伸手。有人選擇以攝影機記錄曾經存在過的花火，為它的曾經留下一些記錄。

絢麗而一瞬即逝，這種不完美最令人心痛。

捷克作家卡夫卡（Kafka）寫過：「生命的意義就是在於它會終結（"The meaning of life is that it ends."）」。生命的終結才是「做人」（Becoming）的目的，從出生到死亡中間的歲月都是一個學習、領悟過程，當中的不完美造就了生命的獨特性。這種帶有日本禪宗意味的想法，令我們

學會思考人生的意義。生命有限，人會死，於是人類把握中間的過程去創造，這不是人類文明最偉大的成就嗎？

有本書名為《死前七天》（*7 Days to Live*），記錄死囚行刑前一周的心路歷程。七天，七個來自不同囚室崗位的故事，有被判死刑的囚犯的死前心情，有死囚牧師理智與情感的掙扎，也有不同立場及矛盾的家屬的情感。

其中，我對牧師的感受最為深刻。法醫人類學家與死刑體系裏工作的人一樣，難免被冠上麻木不仁的籠統形容詞。不過，死囚牧師說，無論他有多難過，無論他對於眼前這個信徒或死囚的立場是怎樣，當他進入囚禁室的那一刻，他就是上帝的使者，工作是去聆聽，而不是批判。

牧師給我的啟發是，如果能夠珍惜當中這份關係，學會感謝因此而遇到的囚犯，並細聽當中的故事，你就永遠不會麻木，不至於陷於道德與理智爭持的困局。

學習牧師的說法，我對於一路走來遇到的每位、接觸過的每副骨骸都想說一句：「謝謝你與我分享你的人生。」

惡與罪

我們與 惡 的距離

台劇《我們與惡的距離》講述一宗無差別殺人（即隨機殺人）案件，描述了加害者與受害者家屬的心理狀態。開始追看時，我已忍不住問自己，又與朋友討論，究竟在事件當中，加害者家屬有沒有罪？他們又需付上甚麼樣的責任？

後來，我看了有關一九九九年美國科倫拜高中（Columbine High School）槍擊案的演講，講者正是槍手的媽媽。

科倫拜高中槍擊案可以說是美國校園槍擊案的最早案例，一共造成十五人死亡。這名媽媽在事後，很想知道到底她哪裏做錯了，才培育了這樣的一個兒子。而當每次有人問她作為媽媽，怎可能不知道兒子有犯案的想法時，她都

猶如被這句帶著指控意味的話狠狠揍了一拳，無論做多少治療，罪惡感都不會消失。除了罪惡感，她更怕的是遇到因為她兒子的自私行為而需經歷喪親之痛的家屬，除了道歉，她也不知道可以怎麼做。

可能很多人會覺得，加害者家屬並沒有痛苦的權利，甚至無法與受害者家屬比較。但從另一個角度看，加害者的家屬其實並沒有直接的罪。

在《我們與惡的距離》當中，很記得兇手媽媽說的一句：「有誰會花二十年的時間去培育一個殺人犯啊？」我相信，科倫拜高中槍擊手的媽媽也曾有類似的想法，才會讓她想知道到底為何兒子會這樣做、為甚麼兒子會從有自殺念頭演變成謀殺，又為甚麼他如此渴望死去。她最後發現，其實在案發前兩年，兒子已有多次自殺不遂的經歷，而可能礙於兒子性格的關係，負面想法慢慢吞噬了他的思想，令他步上沒有轉彎餘地的絕路。如果那兩年間兒子得到適當幫助，槍擊案可能就不會發生了。

與其說我們與惡的距離很近，倒不如說每個人與周邊的世界，其實距離都比想像中短，因此我覺得英文劇名 *The World Between Us* 更到位。

一直以來，我們都認定所愛的人不會傷害自己及別人，也

不會去想像這些悲劇情節，但事實上，悲劇（即使程度未必等同）一直都不停在我們周遭發生。有些事情我們可能永遠不知道答案，甚至其實一直都問錯了問題，捉錯用神。但不要以為他人的事與自己無關，也不要以為可以在高地評價別人的行為，因為你永遠不會知道，一個人背後背負著甚麼、經歷了甚麼。用心聆聽，不要妄下論斷，可能是我們唯一能做的事情。

我們與其他人之間，我們與善惡的距離，其實比你我想像中還要近。

罪行、罪咎、懲罰

曾看過一個為死刑犯辯護的律師的演講，與友人就應否為這些作惡的人辯護而討論起來。懲罰是「罪」的最後一站，當一個人被定罪後，最終都是希望他為自己所犯過的錯承受後果及責任。不過，如果從頭仔細想一想，罪其實到底是甚麼呢？

我們認知的罪與惡，看似黑白分明，但細心考究後，就會反問世界上是否真的有如此分明的道理。每宗案件背後的故事往往比想像中複雜，所牽涉人物的處境也難以說得清。究竟誰人真正有罪？哪個才是受害者？又有哪些人有資格說誰有罪？而歸根究底，到底甚麼是罪？

然後，你就會發現法律上的判斷或與你所認知的有出入，

也就道出了法律與良知的交錯。你會忍不住問自己，其實善與惡如何分界？無論在法庭上判有罪或無罪，作為人的道德責任又能否釐清？人應該為自己的錯付出多大代價才是合理？蒙著雙眼的泰美斯女神不會受到任何干擾而影響判決，但只要把正義女神的天秤換成劍，就成為了復仇女神——復仇與正義從來只有一線之差，也不是正義女神的天秤可以完美定奪。

要透徹了解一宗案件，就必須要理解「人」。罪是與人性有關的，如果沒有人性中的貪、惡、仇、恨等扭曲情感，或許罪就不會出現。我們可以徹底擺脫這些情感嗎？時間的旁觀者如我，發現只要人在某一瞬間作出另一個選擇或決定，整個事情發展就會不一樣。的確，法律是法律，只會以該事會否對人產生利害的因果關係而作出判斷，不論背後的故事是甚麼，都要令作「惡」者承擔必要的懲罰。但這也可能不是真相（truth），而只是法律上的事實（fact）。

要發掘真相是相當困難的事，因為真相與事實不一定相等，而法醫或法律的程序都沒有需要特別去了解犯案者的故事及背後緣起，因此，法庭上的判決，無論是有罪或無罪，也不代表真相的全部。這是執法者、律師甚至法醫學者都無可奈何的事實。我們能推敲事情的始末，卻不能告訴你涉事的人心裏到底在想甚麼；我們只能回答你

How——悲劇是如何發生，而不能告訴你 Why——為甚麼會造成這悲劇。這或許就是法律和科學的限制。

又或者，所謂的「罪」其實就是人性最根本的原罪及懲罰。

亂流下　做正確的事

二零二零年六月最後一個星期三，印尼一個海灘旁邊的小村莊裏，數名漁民看到海上有隻簡陋小船，載著接近一百名羅興亞難民，包括數十名兒童及一名孕婦。漁民覺得他們需要幫忙，連忙請求村裏不同單位出手協助，但村內權威人士卻表明不會把難民帶到岸上，因為這樣會令到村民增加患上新冠肺炎的機會。

村民聽後，覺得這批海上難民的生命危在旦夕，毅然決定無視權威人士，自行組織起來，帶同繩索開船出海拯救船隻及難民。在約二十四小時後的星期四下午，漁民已來回海中心及岸邊數次，逐批把難民帶上岸，已經虛脫的小孩們則由漁民組成的人鏈成功送抵岸上。最後，船上所有人全部獲救，其中一位獲救男士更感觸得在沙灘上跪地抱

頭，為自己竟保得住性命莫名激動。

國際特赦組織形容這次村民的救援行動無私，值得敬佩。村民亦表示不擔心權威人士會找他們麻煩，因為他們相信所做的都是正確的事，尤其親眼看到難民都是一條條有血有肉的生命時，不可能不做點甚麼。

以前寫過一篇文章講述《偷書賊》裏面的死神，一面收取戰場上的靈魂，一面驚訝地思索人性的深奧：為甚麼人類一面展現殘酷的殺戮，一面又有發自內心的關愛呢？而當死神思索著這一切時，他發現原來自己即使是恐怖、不安、摧毀、終結的代名詞，卻依然有良知及同情心。即使在混亂不堪的時代，只要保持著一絲善良，總有找到希望的辦法。

從 謀殺 到 寬恕

二零零四年在美國田納西州，十六歲的 Cyntoia 在旅館外面走著走著，突然有個男性駕車在她身邊停下，稱自己叫 Johnny，問她要不要搭順風車。Cyntoia 上車後，Johnny 卻開車到他家裏，並帶 Cyntoia 看自己的槍藏，隨後更帶她到房間裏性侵。混亂間，很驚慌的 Cyntoia 以為 Johnny 會拔槍，於是拿起視線內的手槍，錯手把他殺死。

Cyntoia 當時十六歲，不同州分對於如何處理未成年罪犯，都有不同方式及年齡界限。在田納西州，十六歲正正是未成年與成年的分界線，法庭最後把 Cyntoia 當作成人犯看待，送她到一般法庭，以一級謀殺罪名起訴，陪審團亦相應判她有罪，判處其終身監禁，並必須在收監五十一年後才可申請假釋。

轉眼間 Cyntoia 已經二十八歲。在監獄的十二年間，她完成了高中，並取得了大學學士學位。讀書時，她也運用自身經歷探討被性侵的心理問題，而最令人稱奇的，是 Cyntoia 其中一門課的教授，竟然就是當年否決 Cyntoia 上訴申請並判處她終身監禁的那位檢察官，想不到竟然世界這麼小 —— 班上令他印象深刻的學生，就是自己親手把她繼續關在監獄裏的。他們「相認」後，教授向 Cyntoia 道歉，因覺得自己當年沒有好好了解整個案件，就判處了 Cyntoia 這苛刻的刑罰，雖然 Cyntoia 覺得很心碎，卻很大方地說了一句：「You have to do your job!」

正義到底是甚麼？教授經歷此事後，嘗試再思考：正義不只是將一個人定罪或判他監禁多少年，正義不只是指控違規的人與事 —— 正義是要取得正確的結果。正義並不限於一份官方文件，也能夠透過其他地方彰顯，例如社區之間的認同。我深信正義公義的存在，而且不只透過傳統官僚體制才能找到。

古希臘哲學家認為，公平正義是一種美德（justice is a virtue），這種人格特質，會誕生出讓公義成真的人 ——只要我們堅持及相信。

侍女 的 故事

二零一七年，美國推出以同名小說《侍女的故事》（*The Handmaid's Tale*）為藍本的改編劇。原著寫於一九八五年，是很多美國高中生的必讀刊物之一，敘述取代了民主美國而興起的極權政體基列共和國（Republic of Gilead），所有女性的人權及自主權被奪去，無論是閱讀、學習、上班或財產，而身體條件理想的女性，甚至會被迫淪為生育工具的侍女（handmaids）。侍女的日常生活除了偶爾去指定商店購買日常用品外，就是等候司令官的指令去進行交配「儀式」，代其不孕的官太太生小孩。由於侍女只是一件生育工具，她們在「儀式」進行時不能與司令官及其太太有任何眼神接觸，亦不能對司令官動情，有違這些規條的都會被定下通姦罪並判處死刑。

犯下基列共和國的罪而被處死的人，屍體會被掛在侍女進出的城牆口，提醒她們要安份守己。侍女感慨隨著她們失去自由，竟愈來愈覺得圍著她們、規限她們的牆愈來愈安全。現實中，很多人會重視及珍惜自身的自由，但同一時間卻對被告知的消息、想法，甚至應該說些甚麼或不應該說些甚麼都不抱一絲懷疑，滿足於不停被餵食資訊，不論資訊正確與否。

忽視與無知是兩個完全不同的概念。現代是資訊爆炸的時代，我們多半是以前者的態度去生活，尤其忽視了每一個決定背後的連鎖效應及道德理念，繼而缺乏同理心，最後就會因為身處舒適圈，而把不平常、不正常的一切看得理所當然。

在基列共和國，為人熟悉的一切都改變。書中主角 Offred 講述自己作為經歷轉變的這一代人，因為體制改革，顛覆了自己一直以來的價值觀及倫理道德，因而被迫忽視身邊不合理的一切，是最不好受。

原著作者 Margaret Atwood 提到，《侍女的故事》所寫的所有情節，並不如外界所講的「預知未來」，反而是一份歷史的見證（literature of witness）。她說在如斯動盪不安的社會局勢之下，記錄任何故事都是對抗殘酷現實的不二法門。記錄故事就是燃點希望之舉，所以，每一個故事不

論是開心或難過的，都代表著將來交集的讀者，因為想讓以後的人都知道，亦同時代表一個人反抗、對抗現實的決心，展現一個人對不應該視作理所當然的事當成慣性的不甘心。

Atwood 說，女主角 Offred 的故事有兩種方式解讀，第一種是以純粹學術的方式，另一種則是被她稱為「Dear Readers」的閱讀方式 —— 透過文字與讀者們交流及講故事，就如讀日記一樣 —— 只有後者才能以同理心真正閱讀、見證故事，聆聽與感受字裏行間的血淚。在如此紛擾的世界裏，同理心異常重要，不要害怕展現脆弱，也不要讓情緒吞噬了我們的理智及理性。只有以同理心在這個戲劇般的世界行走，才能為殘酷的現實增添一份人性與溫暖。

書中，有一句虛構的拉丁文：「Nolite the bastardes carborundorum」，大意是不要讓混蛋令你沮喪及失落。保持希望，不要忽視一切不正常的現象，就是對抗一切不公義的重要力量。

光與希望

洞穴裏 的醫院

紀錄片《洞穴裏的醫院》（*The Cave*）講述年輕敘利亞兒科醫生 Amani Ballour，在戰火之下成為當地一所醫院的主管，但因為空襲頻繁，為了保住所有病人及員工的性命，於是把醫院移師到地下洞穴及隧道裏面，渡過數年光景，直到二零一八年。

紀錄片的後半部分令人悲痛。在一次空襲之後，傷者魚貫地被送到醫院，但各醫護檢查時，發現這些傷者都沒有任何傷痕，卻表現得異常痛苦。由於傷者數目愈來愈多，更開始聞到愈來愈濃烈的氯氣味，醫護們才驚覺剛才空襲用的並不是普通炸彈那麼簡單，而是化學武器。醫護們立刻協助調配物資，把醫科口罩送到團隊手裏，輪流使用氧氣機，並連忙把所有傷者衣物脫下，裝進屍袋裏面丟掉。小

孩子因為氯氣導致氣管緊閉、不能呼吸而大哭，成年人被裝著氯氣的器皿炸到——一切平息下來後，醫院只剩下一片狼藉。

看到小孩子受傷或遇害是我的個人弱點，因此觀看此片絕非容易，在片長一個多小時裏面，基本上流淚不止。就如Ballour醫生在片末的獨白所說，「當我目擊人性在我眼前被摧毀，我又如何能忍著眼淚呢？」("How can I hold back the tears while witnessing humanity being destroyed in front of me?")因為死亡隨機降臨而衍生的寂靜籠罩著整個敘利亞，籠罩著醫護，也籠罩著觀看紀錄片的我。

在這間洞穴醫院裏，醫生進行手術時，有時候連麻醉藥都沒有，只能跟病人說「我們有古典音樂」；喪失至親的小孩們，也沒有任何新玩具安慰他們。紀錄片的末段，化學武器攻擊繼續令醫院佈滿了傷者，他們依然沒有傷口、沒有可見的創傷，但紀錄片也在提醒我們，在這非常難過的現實當中，能夠保持善良，不傷害別人，已是非常了不起的事情。這所醫院資源及藥物縱使有限，有的卻是醫護們的無限關懷，以及人與人之間無限的愛。

這，讓我對世界還抱有一絲希望。

玫瑰 少年

二零零零年，葉永鋕死於台灣屏東高樹國中的廁所裏。法醫學上，葉永鋕的死因是「跌倒後後腦撞擊地面引致顱內出血」，這是沒有辦法否定的事實，一個無論如何駁斥也改變不了的現實。不過，真相卻可以是另一回事。

從邏輯學看來，真相並不永遠或直接等於事實。簡單來說，真相一般不會直接擺在眼前，而是必須透過思考、發現及考究過程才能獲得。與事實相比，真相流動性較大，可塑性較高。葉永鋕法醫學上的死因是後腦撞擊致顱內出血，這是事實，不過，他死亡的真相卻沒有那麼簡單。

有段日子研究過哲學，最令我著迷就是法哲學。在大學的哲學課中，教材都是真實及歷史上著名的美國案例，而我

們執著的並不是案件的被告最後有沒有定罪，而是判詞裏對於各個層面的考量，以及背後的論據和論點。

永鋕的案件，法醫學上的結論無從反駁，但從另一個角度看，永鋕的死亡真相是因為被同學欺凌，嘲笑他因為比較陰柔「不像個男孩」，於是被迫提前在下課前上洗手間，希望逃避這些言語傷害，卻不幸地發生意外而失救。即使學校的負責人最後因為疏忽而被起訴，事件亦令台灣社會對性別教育展開討論，並在二零零四年修訂《性別平等教育法》，但「殺害」永鋕的最根本的欺凌問題，法律根本未有也無法制裁。

在永鋕死後幾年，另一男孩亦因為同一個原因自行結束生命。他在遺書中寫道：「即使消失會讓大家傷心，卻是短暫的，一定很快就被遺忘，因為這是人性。」縱使爭取性別平權的遊行人數不停增加，愈來愈多人願意站出來作為抗爭的一分子，社會亦慢慢地反應著，但青年們卻已經因為自己所認同的，甚至是自己與生俱來的身分而弄得傷痕累累，甚至失去生命。到底為甚麼他們要選擇這條路，原因可以很多，我們也沒有資格判斷，肯定的是，社會一直以來以不同方式，在年輕人身後靜悄悄地把他們推進死胡同。

法醫學，能夠告訴你一個人如何死，卻不能告訴你背後的

「為甚麼」；法醫學只能看透組織、骨頭、牙齒找尋死亡線索，卻不能告訴你為甚麼會出現這些痕跡；法醫學，能夠告訴你那個人最後的一刻是如何度過，辛苦還是痛快，卻不能告訴你他最後一刻在想甚麼，心情到底如何。

或許這個法醫學的限制，就是要提醒我們人性的重要。

Café de Monk

二零一一年的三一一大地震及海嘯，對日本造成不能抹滅的傷痕。

海嘯及地震奪去的性命數以千、萬計，很多家庭都在一夜之間破滅，即使僥倖生還，也會因為突然流離失所而失去人生方向，心彷彿在瞬間凍結了，甚至傷心得連哭都不會。

日本有種說法，說是死亡就如障子（即日式房屋中，用糊紙製的可拉式木窗門），走過這道門就會到達另一端，也就是說死亡並不是終點。迷失的感覺不但生者獨有，可能連死者都感受得到。災後，就有很多喪失家人的人報稱遇到靈異事件，就像那些靈魂都不知道自己已離世。

骨子裏的話

宮城縣栗原市通大寺的住持金田諦應，就因為聽聞了很多不同民眾的超自然經歷，決定為他們提供一個抒發渠道，因此成立了「Café de Monk」。自成立以來，Café de Monk 走遍受影響地區，北至岩手縣山田町，南至福島縣南相馬市，舉辦了總共 150 場以上的流動咖啡廳，為前來的人提供咖啡、茶、蛋糕，讓他們可以有一個場合、一個機會將自己的感受與他人分享。當然，靈異事件不能證實，分享亦不能瞬間解決問題，因為每個人所受的影響及情緒都很不一樣，加上每個地區的背景、生活方式等有異，但當你發現自己的鬱悶、不安只是茫茫宇宙的一部分，而且世上有人和你分享著相同的哀傷，你就會覺得自己其實不只一個人。

金田住持的做法並不是平常佛門弟子會做的事，甚至會有人覺得他不應該這樣做，不過，金田住持說，為生者解憂其實也是佛門的原意及教義，也是宗教及信仰本身存在的價值啊！

用生命 歌唱 的刺鳥

傳說中，刺鳥一生只唱一次歌 。

刺鳥從離巢一天開始，就不停地尋找一棵充滿荊棘的樹，
一直找一直找，找到後才會停下來休息，然後開始唱歌。
牠一邊唱，一邊展開自己的胸膛，把自己的身體迎向最長
最尖的刺上，最後在臨死一刻，忘記及拋開身體的痛苦，
唱出比雲雀及夜鶯更動聽、更優美的歌聲。牠，從不懼怕
死亡，願意以生命換來一首歌，令全世界都留心靜聽。當
我們迎向最深處的痛時，我們將無所畏懼，因為我們知道，
最後得到的都會是這一切痛苦經歷的成果。

刺鳥是一個悲劇，卻是一個勇敢的悲劇。牠超越了自己，
超越了生物對死亡的恐懼，用生命交換一個燦爛的結局。

很多人窮盡一生 —— 不論是長是短 —— 去追尋自己覺得值得的事情，抓緊自己認為有價值、值得守護的事情。在找到的一刻，人會超越自己、超越對死亡的恐懼，用最大力量確保成果不會受到破壞及傷害。就如刺鳥一樣，或許旁人覺得牠為了只能唱一次的歌，就把自己的胸膛往荊棘刺去，是一件很愚笨的事，但這卻是刺鳥一生最大的意義。

我們經常說，骸骨不會忘記經歷過的東西。或許我們能夠減淡傷疤、重新出發，但不代表曾經發生的事沒有留下任何痕跡。

遇到生命的消逝時，我們總會痛心疾首，但也不可以讓它成為我們死心的理由。我們要堅強如盛開在荊棘裏的花一樣，不論環境多傷痛、傷心、難過，愈是流淚就愈是要抬起頭，一步步堅強又固執地抵抗。

第二次世界大戰倖存的猶太見證者及作家埃利．威塞爾（Elie Wiesel）曾經寫道，如果我們真的把亡者遺忘，就猶如讓他們經歷第二次死亡（"To forget the dead would be akin to killing them a second time."）。骨頭和感情一樣，需要很長的時間成長，期間都可能受不同內外因素影響，令骨頭及感情同樣經得起時間考驗，令後人知道及了解更多前人的經歷和故事。縱使故事可能是傷心的，卻依然值得銘記在心。心碎，未必會留下永久痕跡；心痛，也總有

一天會過去，但任何人曾經存在過在這個世界上，只要我們不遺忘，他就會以另一個方式存在，陪伴我們走下去。

《玫瑰與夜鶯》是刺鳥傳說的原型，年輕學生要找到紅玫瑰，才能和喜歡的女生共舞。夜鶯聽到後，按著橡樹的指引，決定要在月光下用音樂造一朵玫瑰，並獻出自己胸膛的鮮血把玫瑰染紅。雖然夜鶯的自我犧牲徒勞無功，但卻將其他只執著於一己之私的人比下去。無論他們的權力有多大，他們有多聰明，也顯得比夜鶯卑微渺小。

在傳說的最後，刺鳥感人肺腑的歌聲不只令世人為之動容，連天上的造物主亦笑了。沒有人的犧牲是白費的，感謝陪我們所有人助跑了一段時間，將對這個地方的愛及守護的力量推到最高點，然後選擇離場，去征服自由的您。您留下的意願必定會振翅飛翔，燦爛綻放。

—— 寫在二零一九年六月十五日晚

結語

這行文數萬字橫跨了數年光景，而這些年來的影像已經有著龐大轉變。這種改變實在令人吃不消，亦令人很沮喪。不過，「愈爛嘅牌就要愈畀心機打」，當世界令你很無力，總會有一絲曙光在身邊點燃起來。

《偷書賊》（*The Book Thief*）中的死神講道：「我看到他們的醜惡和美好，我很好奇，人類怎麼能夠同時兼具善與惡？不過，他們有一種本領讓我嫉妒：只有人類，能夠選擇死亡。（I see their ugly and their beauty, and I wonder how the same thing can be both. Still, they have one thing I envy. Humans, if nothing else, have the good sense to die.）」如果我們知道其實連死神都怕了我們，可能無力感會減少了一些，反而能看清人與人之間的勇氣、愛、仁慈這些教

人窩心的光明一面，就如書中提到的洞穴醫院裏的醫生一樣。

專欄世界依然繼續運行，現實世界也是如此。願你享受浸淫在閱讀這本小書的時光。這些文章只是當下的一個中段的小總結、一個中途站的記錄。翻過書封的另一端，就讓我們在那裏繼續再聚。

未來見。

鳴謝 與 感言

外國有句說話說得好：要帶大一個小孩，需要一整條村的人。

放在我這個情況，我也覺得很適合！這本書就是我的小孩，當中當然也麻煩到一整條村的人啦！

首先，是我在《信報》〈視線所及〉的編輯 Louisa 及讀者。編輯實在勞苦功高，尤其是我忘了交稿的時候她都萬分忍耐，實在感謝！還有，自我接過專欄後成為讀者的你，或本來是陳心遙先生讀者的你（相信無故換了人會覺得無奈吧！），謝謝你們給我機會讓我每星期一次在《信報》與大家交流。

感謝在殺出我這個程咬金時也萬分願意配合出版這本作品的蜂鳥出版編輯 Raina 和 Yannes！兩位女生要把審稿、編輯、經營書店及出版社處理得井井有條實在不容易，大家要多支持蜂鳥啊！

當然，亦要感謝推動我出這本專欄結集的讀者 Ada。謝謝你一路的支持與鼓勵！你的提議實在來得合時，把過去動盪了幾年的思緒及感受整合在一起，實在感覺圓滿，讓我找到了支持的力量。

最後，當然要感謝讓我可以接捧的陳心遙先生。因為他要拍戲的關係（從時間上推論～我思疑就是《狂舞派3》！！）而導致不能繼續定期寫作，因此就很慷慨地把專欄讓給我。從接手的一刻，我已經不停思考到底可以透過行文數百字為讀者帶出甚麼訊息，培養一個怎樣的文字環境。幸好，現在好像離我最開初想像的也差不遠。

感謝把感言都讀完的你，謝謝你的支持。
願我們再以文字再聚。

骨子裏的話 ——
法醫人類學家上的骨頭課

作　　者　李衍蒨
責任編輯　吳愷媛
封面設計　Kaman Cheng

在世界中哼唱，留下文字迴響。

出　　版　蜂鳥出版有限公司
地　　址　香港中環元創方 B 座 H307 室
電　　郵　hello@hummingpublishing.com
網　　址　www.hummingpublishing.com
臉　　書　www.facebook.com/humming.publishing

發　　行　泛華發行代理有限公司
印　　刷　同興印製有限公司
初版一刷　2021 年 5 月
定　　價　港幣 HK$98　新台幣 NT$430
國際書號　978-988-75052-6-6